JN076734

はじめに

「学校の勉強が難しい」と感じている子どもは、どのくらいいるのでしょうか。文部科学省が2012年に行った調査によると、通常学級の中で学習に困難さをもつ児童・生徒の割合は6.5%と言われており、近年は、学校の中でもそういった子どもへの理解が深まり、支援が広がっています。しかし、それでもまだ、クラスの中にはSOSを発信できず、一人で困っている子どもがたくさんいるのではないかと感じています。

勉強について、「面倒くさい」「やりたくない」と言う子どもの背景には、読み書きや計算の苦手さや困難さがあるのかもしれません。そのような子どもの学びに必要なのは、その子の「得意なこと」「苦手なこと」が理解され、ていねいにサポートされることや、楽しく学びながらステップアップできる学習体験です。

さくらんぼ教室では、30年以上にわたって子ども一人ひとりに合わせた学習指導を実践してきました。本書は、さくらんぼ教室の教材をもとに「学校やご家庭でも楽しく学習してほしい」という願いからできたドリルです。

本書で扱っているのは、小学校段階の国語・算数の中でも、練習を積み重ねることで習得できる、漢字・計算の基礎です。学年にかかわらず、「すてっぷ」1～6の中から、子どもにとって「ちょうどよい」「楽しくできる」段階を選び、一人ひとりの学び方に合わせて繰り返し使用することができます。子ども自身がオリジナルの文を作って書いたり、自由に問題を作ったりできる「れんしゅうプリント」と併せてご活用ください。

先生方や保護者の方には、子どもの取り組みを（文字のていねいさや誤りが気になったとしても）まずほめてあげていただきたいと思います。学習の中で、「苦手」な部分が目立つ場合は、注意するのではなく、「うまくいく方法」を一緒に考えてあげることが必要です。ほかの子とペースや学び方が異なっても、その子に合うやり方を工夫していけばよいのです。

本書が子どもの「やってみよう」の入り口となり、その後の学びと自信につながっていくことを願っています。

2021年4月　　監修　伊庭葉子

先生方、保護者の方々へ

一人ひとりに合うすてっぷを選んで、
「できる」ところからステップアップ！

● 「すてっぷ」1～6の数字は、小学校の学年と対応しています（例：「すてっぷ1」は、小学校1年生で習う漢字と計算を収録。すてっぷ2～6は、小学校2年生～6年生に習う漢字の中から選んだ各100字と、計算を収録）。

● 学年にとらわれず、お子さんの得意・不得意に合わせて、ちょうどよい「すてっぷ」を選べるので、通級指導教室や特別支援学級・学校での個別指導に活用できるほか、家庭学習用教材としても役立ちます。

● 「れんしゅうプリント」を活用することで、さらに個々に合わせた学びが広がります。学校やご家庭でもお子さんと一緒にたくさん問題を作ってみてください。

自分のペースで学べる、一人ひとりに合ったステップ形式

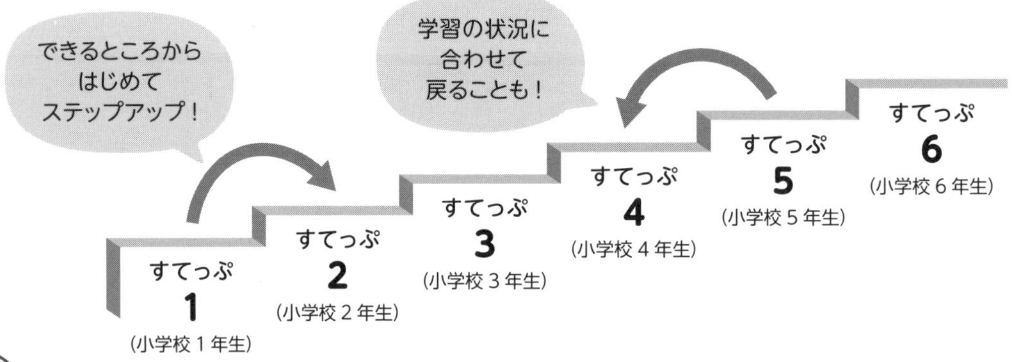

このドリルの特長

① 学びやすいサポートが入っているので、「できた！」が実感できる！

● 難易度に応じて、**きめ細やかな解き方のポイントや解答のヒント**が入っており、子どもの学びをサポートします。

● 「書いてみよう」「読めるかな」「スペシャルもんだい」などの課題を進めるごとに、**「できた！」が実感でき、自信につながり**ます。

② 繰り返し練習することで、漢字や計算の基礎が身につく！

● 付属の **CD-ROM から PDF データをプリントして**、何度も使えます。

● 「れんしゅうプリント」を使って、**オリジナル問題を作りながら、何度も練習**できます。

● 繰り返し学習を積み重ねることで、**少しずつ基礎的な力がついて**いきます。

③ 学習につまずきのある子、学習習慣がついていない子も自分のペースで学べる！

- 漢字、計算ともに**無理なく１日１ページずつ進められるよう、負担のない問題数にし、文字の大きさを工夫**しています。
- 問題文が読みやすいように、**文章に区切り（分かち書き）**を入れています。

④ 子どもたちの生活の中で考える、イラストを使った身近で楽しい問題！

- 問題を具体的にわかりやすくとらえられるように、**親しみのある、楽しいイラストが**全ページに入っています。
- 漢字には文を作る問題、計算には生活につながる問題が入っており、**漢字や計算を生活の中で考えたり使ったりできるように**なります。

学習の順序

❶ 「かん字」「けいさん」のはじめのページでは、これから学ぶことを確認します（今できていることをチェックしてみましょう）。

❷ 「かん字1～32」、「けいさん1～33」に取り組みましょう。漢字・計算ともに１日１ページを目安としています。漢字については解答が明示されていない問題に限り、計算については解答のあるすべての問題について、「答え」（かん字は44ページ、けいさんは84ページ～）が掲載されています。

※「かん字1～32」では、小学校2年生で習う漢字から選んだ100字を扱っています。漢字を身近に感じながら覚えられるように、訓読み（ひらがな表記）→音読み（カタカナ表記）の順で、主な読み方のみを掲載しています。小学校2年生で習うすべての漢字とその読み方については「すてっぷ2のかん字」（38ページ）を参照してください。

❸ 終わったら「れんしゅうプリント」を使用して、自分に合う問題を作って練習しましょう（最初は先生や保護者の方が、問題をたくさん作ってあげてください。「かん字1～32」で取り上げていない漢字については、「すてっぷ2のかん字」を参考に「れんしゅうプリント」で取り組んでください）。

❹ 自信がついてきたら、「チャレンジテスト」に挑戦してみましょう！終わったら、できなかった部分や、もう一度取り組みたい部分のページに戻って復習しましょう。

❺ 「チャレンジテスト」が「できた！」と実感できたら、次のステップへ進みましょう。

目次

付録 CD-ROM について

本書の付録 CD-ROM には、「かん字1～32」、「けいさん1～33」、「れんしゅうプリント」、「チャレンジテスト」が収録されています。PDF 形式のデータとなっておりますので Adobe Acrobat Reader（無償）がインストールされているパソコンで開いてお使いください。

※CD-ROM に収録されたデータは、購入された個人または法人が私的な目的でのみ使用できます。第三者への販売・頒布はできません。

※本製品を CD-ROM 対応以外の機器では再生しないようにしてください。再生の方法については各パソコン、再生ソフトのメーカーにお問い合わせください。CD-ROM を使用したことにより生じた損害、障害、その他いかなる事態にも弊社は責任を負いません。

※CD-ROM に収録されているデータの著作権は著作者並びに学事出版株式会社に帰属します。無断での転載、改変はこれを禁じます。

イラスト：池野なか、石山綾子

すてっぷ2 かん字

●すてっぷ２の　かん字《じ》を　おぼえて
読《よ》んだり　書《か》いたり　して　みよう!

すてっぷ2の　力《ちから》を　チェック!

- ☐ すてっぷ１までの　かん字《じ》を　読《よ》む　ことが　できる。
- ☐ すてっぷ１までの　かん字《じ》を　書《か》く　ことが　できる。
- ☐ すてっぷ2の　かん字《じ》を　いくつか　読《よ》む　ことが　できる。
- ☐ すてっぷ2の　かん字《じ》を　いくつか　書《か》く　ことが　できる。
- ☐ すてっぷ2までの　かん字《じ》を　つかって　文《ぶん》を　作《つく》る　ことが　できる。
- ☐ すてっぷ2までの　かん字《じ》を　つかって　日《に》っきを　書《か》く　ことが　できる。
- ☐ かん字《じ》を　ていねいに　書《か》ける。

すてっぷ 2 かん字 1

（　　　）月（　　　）日（　　　）曜日

春夏秋冬

はる　シュン
春

なつ　カ
夏

●あなたが　すきな　きせつは？

です。

あき　シュウ
秋

ふゆ　トウ
冬

●「春」「夏」「秋」「冬」から　えらんで　文《ぶん》を
作《つく》って　書《か》こう。

（れい）　春《はる》に　うんどう会《かい》が　あります。

れんしゅうプリント①②③（39～41ページ）を　つかって　たくさん　れんしゅうしよう。

すてっぷ 2
かん字 2

（　　　）月（　　　）日（　　　）曜日

朝 昼 夜

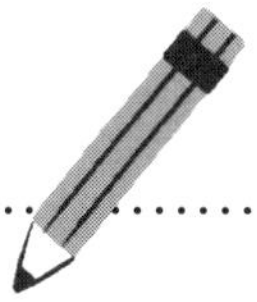

朝　あさ　チョウ

昼　ひる　チュウ

夜　よる　ヤ

◉読《よ》めるかな？

朝食《ちょうしょく》

夜中《よなか》

◉あなたが いつも して いる ことや、よていを 書《か》こう。

朝

夜

◉「朝」「昼」「夜」から えらんで 文《ぶん》を 作《つく》って 書《か》こう。

（　　）月（　　）日（　　）曜日

兄 弟 姉 妹

あに キョウ

兄

おとうと ダイ

弟

◉読《よ》んで 書《か》こう。

兄弟《きょうだい》

姉妹《しまい》

あね （シ）

姉

いもうと （マイ）

妹

◉「兄」「弟」「姉」「妹」から えらんで 文《ぶん》を 作《つく》って 書《か》こう。

（れい） きのう、弟《おとうと》が うまれました。

れんしゅうプリント①②③（39～41ページ）を つかって たくさん れんしゅうしよう。

（　　　）月（　　　）日（　　　）曜日

父　母　親

父
ちち　フ

母
はは　ボ

親
おや　シン

◉読《よ》めるかな？

父母《ふぼ》

親切《しんせつ》

◉書《か》いて 読《よ》んで みよう。

親

子

親子《おやこ》

◉家《か》ぞく・親《しん》せきには どんな 人《ひと》が いる？

（れい） いとこの○○ちゃん

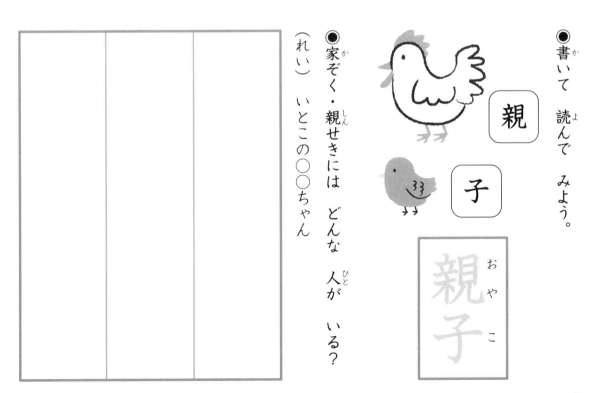

すてっぷ
2
かん字 5

（　　　）月（　　　）日（　　　）曜日

午 前 後

午
ゴ

前
まえ　ゼン

後
うし（ろ）・あと　ゴ

◉読《よ》めるかな？

午前《ごぜん》

午後《ごご》

◉書《か》いて　読《よ》んで　みよう。

前後《ぜんご》

◉今《いま》の　時《じ》こくを　午前《ごぜん》・午後《ごご》を　入《い》れて　書《か》こう。

午前

午後

れんしゅうプリント①②③（39～41ページ）を　つかって　たくさん　れんしゅうしよう。

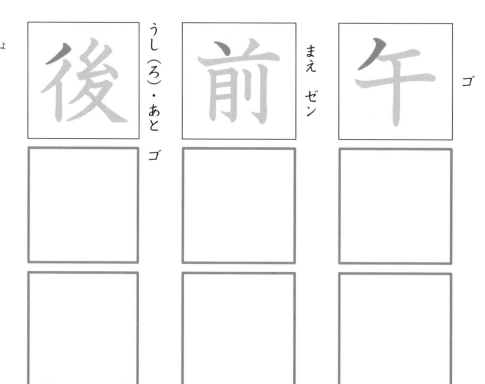

（　　　）月（　　　）日（　　　　　）曜日

晴　雲　雪

は（れる）　セイ

晴

くも　ウン

雲

ゆき　セツ

雪

◉読《よ》めるかな？

雪雲《ゆきぐも》

晴天《せいてん》

◉きょうの　天気《てんき》は？

◉どんな　天気《てんき》が　すき？

◉「晴」「雲」「雪」から　えらんで　文《ぶん》を　作《つ》って　書《か》こう。

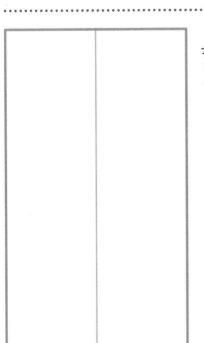

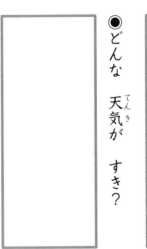

すてっぷ
2
かん字 7

（　　　）月（　　　）日（　　　）曜日

色 黄 茶 黒

色
いろ　シキ

黄
き　オウ

◉読《よ》めるかな？

黄《き》色《いろ》

空《そら》色《いろ》

お茶《ちゃ》

茶《ちゃ》色《いろ》

七《なな》色《いろ》

黒《こく》ばん

茶
チャ

黒
くろ　コク

◉ほかに　どんな　色《いろ》が　ある？

◉あなたが　すきな　色《いろ》は？

れんしゅうプリント①②③（39～41ページ）を　つかって　たくさん　れんしゅうしよう。

（　　　）月（　　　）日（　　　）曜日

国　語　記

国　くに　コク

語　かた（る）　ゴ

記　しる（す）　キ

◉読《よ》めるかな？

国語《こくご》

日本語《にほんご》

日記《にっき》

◉書《か》いて　みよう。

外国《がいこく》

◉どんな　国《くに》を　知《し》って　いる？　たくさん　書《か》いて　みよう。

国《くに》

（れい）　アメリカ

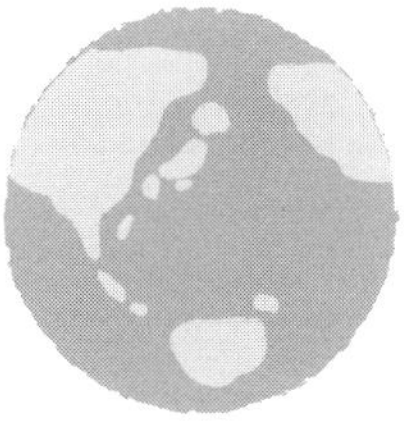

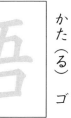

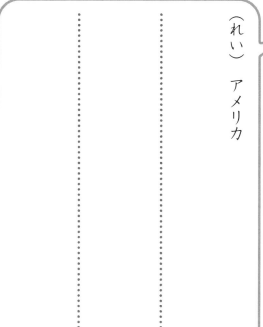

（　　　）月（　　　）日（　　　）曜日

算　数　計

算　サン

数　かず　スウ

計　はか（る）　ケイ

●読《よ》めるかな？

算数《さんすう》

計算《けいさん》

数字《すうじ》

●書《か》いて　みよう。

算数《さんすう》

計算《けいさん》

●あなたは　どんな　計算《けいさん》が　できる？

（れい）　足《た》し算《ざん》　引《ひ》き算《ざん》など。

れんしゅうプリント①②③（39～41ページ）を　つかって　たくさん　れんしゅうしよう。

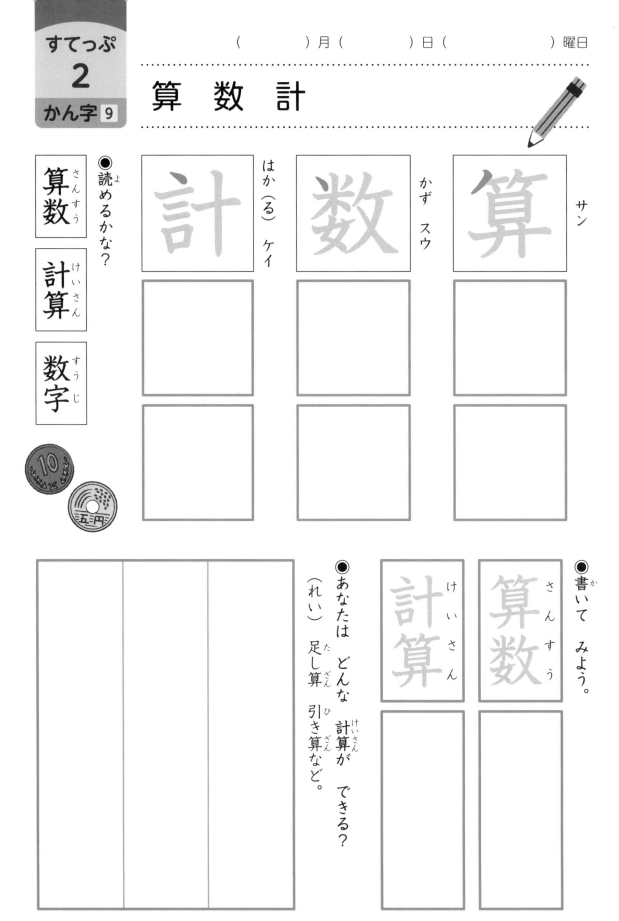

すてっぷ 2
かん字 10

（　　　）月（　　　）日（　　　）曜日

社　会　行

社　やしろ　シャ

会　あ（う）　カイ

行　い（く）　コウ

◉読《よ》めるかな？

社会《しゃかい》

会社《かいしゃ》

行《い》く

◉書《か》いて　みよう。

会社《かいしゃ》

どんな　会社《かいしゃ》を　知《し》って　いる？

◉「社」「会」「行」から　えらんで　文《ぶん》を　作《つく》って　書《か》こう。

れんしゅうプリント①②③（39～41ページ）を　つかって　たくさん　れんしゅうしよう。

（　　　）月（　　　）日（　　　）曜日

理　科　電

理　リ

科　カ

電　デン

◉読《よ》めるかな？

理《り》科《か》室《しつ》

科《か》学《がく》

電《でん》話《わ》

◉書《か》いて　みよう。

電《でん》気《き》

りょう理《り》

あなたが　すきな　りょう理《り》は・・・？

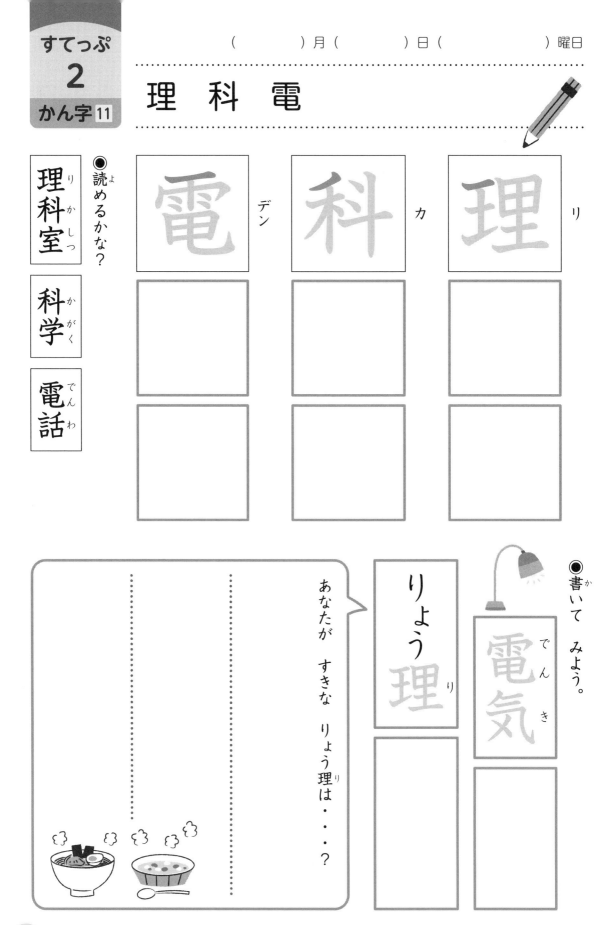

（　　）月（　　）日（　　）曜日

図　工　作

図　ズ・ト

工　コウ・ク

作　つく（る）　サク

◉読《よ》めるかな？

図工《ずこう》

工作《こうさく》

作文《さくぶん》

◉書《か》いて みよう。

図工《ずこう》

図工《ずこう》の 時間《じかん》に どんな ものを 作《つく》った ことが ある？

◉「図」「工」「作」から えらんで 文《ぶん》を 作《つく》って 書《か》こう。

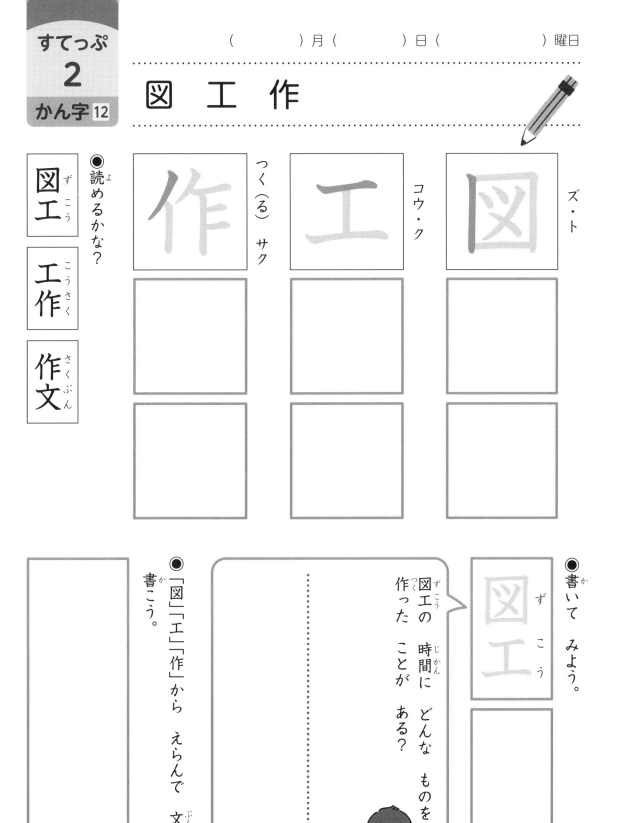

すてっぷ
2
かん字 13

（　　　）月（　　　）日（　　　　）曜日

絵　画　紙

◉読《よ》めるかな？

画《が》用《よう》紙《し》

絵《かい》画《が》

※絵《え》の こと。

手《て》紙《がみ》

絵　カイ・エ

画　ガ・カク

紙　かみ　シ

すきな　ものの　絵《え》を
かいて　みよう！

◉書《か》いて　みよう。

画《が》用《よう》紙《し》

絵《かい》画《が》

れんしゅうプリント①②③（39〜41ページ）を　つかって　たくさん　れんしゅうしよう。

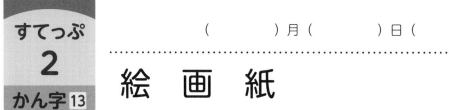

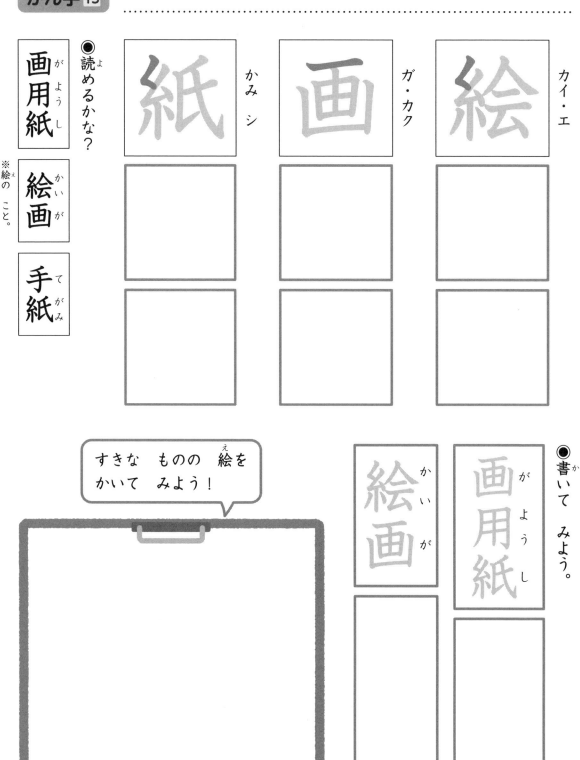

（　　　）月（　　　）日（　　　　　）曜日

聞　話　言

聞　き（く）　ブン

話　はな（す）　ワ

言　い（う）　ゲン

◉読《よ》めるかな？

会話《かいわ》

言《こと》ば

話《はな》し合《あ》い

※話《はなし》を　する　こと。

◉顔《かお》の　中《なか》の　どこを　つかうかな？

聞《き》く　話《はな》す　言《い》う

上《うえ》の　かん字《じ》の　中《なか》から　耳《みみ》　口《くち》　を　さがして　みよう！

◉「聞」「話」「言」から　えらんで　文《ぶん》を　作《つく》って　書《か》こう。

れんしゅうプリント①②③（39〜41ページ）を　つかって　たくさん　れんしゅうしよう。

（　　）月（　　）日（　　）曜日

声 歌 楽

声　こえ　セイ

歌　うた　カ

楽　たの（しい）　ラク

◉読《よ》めるかな？

音楽《おんがく》

校歌《こうか》

歌声《うたごえ》

◉書《か》いて みよう。

歌声《うたごえ》

音楽《おんがく》

◉すきな 歌《うた》の だい名《めい》や 歌《か》しを 書《か》こう。

歌

 れんしゅうプリント①②③（39～41ページ）を　つかって　たくさん　れんしゅうしよう。

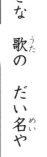

すてっぷ 2
かん字 16

（　　）月（　　）日（　　）曜日

強 弱 風

強　つよ（い）　キョウ

弱　よわ（い）　ジャク

風　かぜ　フウ

◉読《よ》めるかな？

強弱《きょうじゃく》

風力《ふうりょく》

強風《きょうふう》

※風《かぜ》の 強《つよ》さ。

◉書《か》いて みよう。

強《つよ》い

弱《よわ》い

べん強《きょう》

今日《きょう》は どんな べん強《きょう》を しましたか？

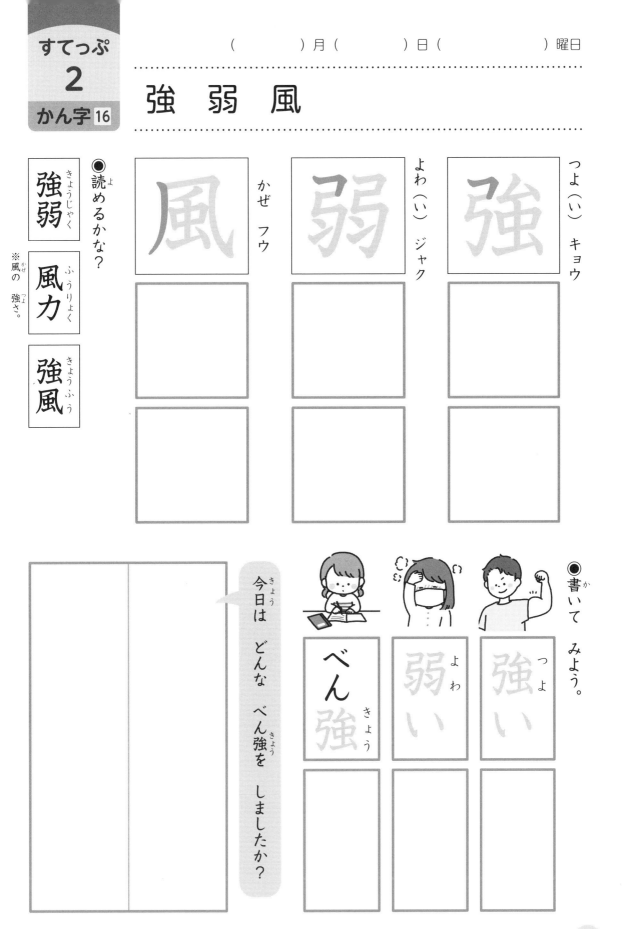

（　　　）月（　　　）日（　　　）曜日

教 室 自

教　おし（える）　キョウ

室　シツ

自　みずか（ら）　ジ・シ

◉読《よ》めるかな？

自分《じぶん》

室内《しつない》

教科書《きょうかしょ》

◉書《か》いて みよう。

学校《がっこう》には どんな 「教室《きょうしつ》」が ある？

教室《きょうしつ》

「自分《じぶん》」の いい ところを たくさん 書《か》こう。

自分《じぶん》

れんしゅうプリント①②③（39～41ページ）を つかって たくさん れんしゅうしよう。

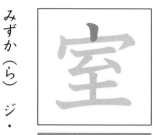

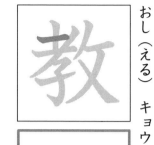

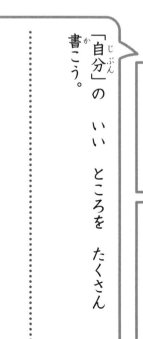

（　　　）月（　　　）日（　　　）曜日

時　分　間

時　とき　ジ

分　わ（かる）　フン

間　あいだ　カン・ケン

◉読《よ》めるかな？

一時間《いちじかん》

一分間《いっぷんかん》

人間《にんげん》

◉書《か》いて　みよう。

時《と》計《けい》

今《いま》、何時《なんじ》　何分《なんぷん》？

時

分

朝《あさ》　おきた　時《じ》こくは？

時

分

◉きょうの　べん強時間《きょうじかん》を　書《か》こう。

れんしゅうプリント①②③（39～41ページ）を　つかって　たくさん　れんしゅうしよう。

（　　）月（　　）日（　　）曜日

今 週 毎

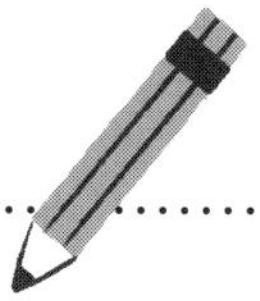

今 いま コン

週 シュウ

毎 マイ

◉読《よ》めるかな？

今週《こんしゅう》

毎週《まいしゅう》

今日《きょう》

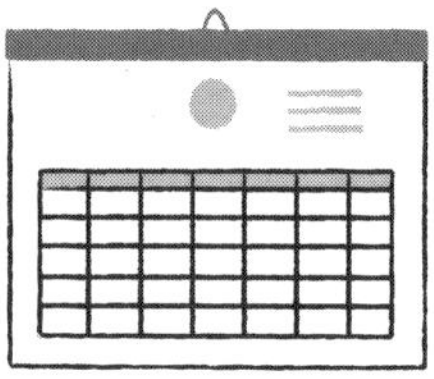

◉書《か》いて みよう。

一週間《いっしゅうかん》

一週間《いっしゅうかん》の 曜日《ようび》を ぜんぶ 書《か》こう！

月 火 水 木 金 土 日

今週《こんしゅう》

今週《こんしゅう》の よていや 楽《たの》しみに して いる ことを 書《か》こう。

れんしゅうプリント①②③（39～41ページ）を つかって たくさん れんしゅうしよう。

すてっぷ 2 かん字 20

（　　　）月（　　　）日（　　　）曜日

読　書　考

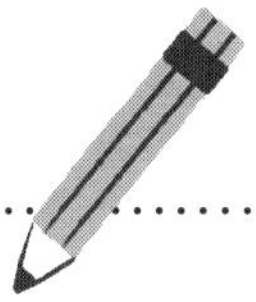

よ（む）　ドク

か（く）　ショ

かんが（える）　コウ

◉読《よ》めるかな？

図書《としょ》

書道《しょどう》

考《かんが》え

◉書《か》いて　みよう。

読書《どくしょ》

おすすめの　本《ほん》を　しょうかいして　みよう！

本《ほん》の　だい名《めい》

本《ほん》の　しょうかい

れんしゅうプリント①②③（39～41ページ）を　つかって　たくさん　れんしゅうしよう。

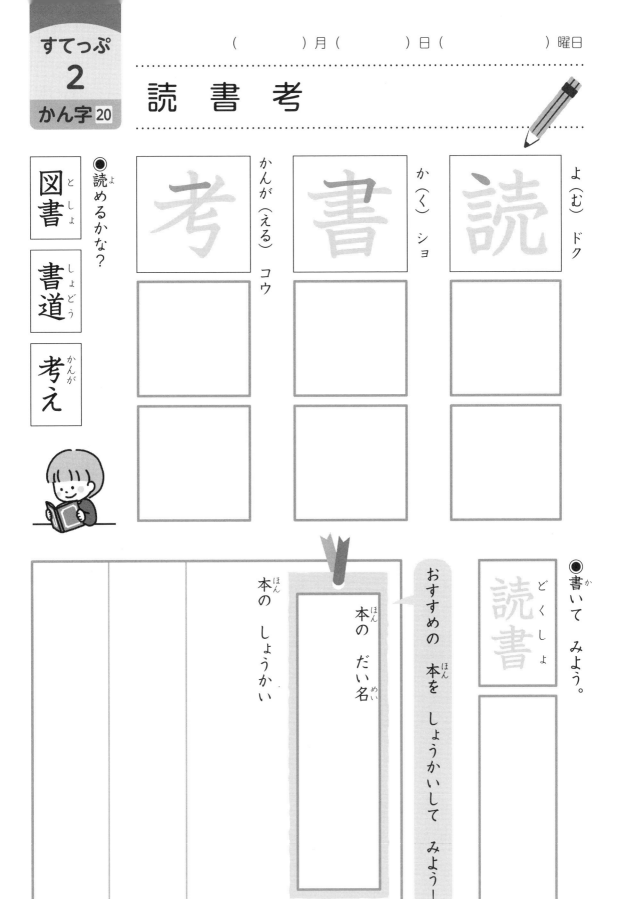

（　　）月（　　）日（　　）曜日

売　買　高

売　う（る）　バイ

買　か（う）　バイ

高　たか（い）　コウ

◉読《よ》めるかな？

売店《ばいてん》

売買《ばいばい》

※売《う》り買《か》いを する こと。

高校《こうこう》

◉「売《う》る」「買《か》う」 どちらかな？

売《う》る

買《か》う

◉あなたは おこづかいで どんな ものを 買《か》った ことが ある？

れんしゅうプリント①②③（39〜41ページ）を つかって たくさん れんしゅうしよう。

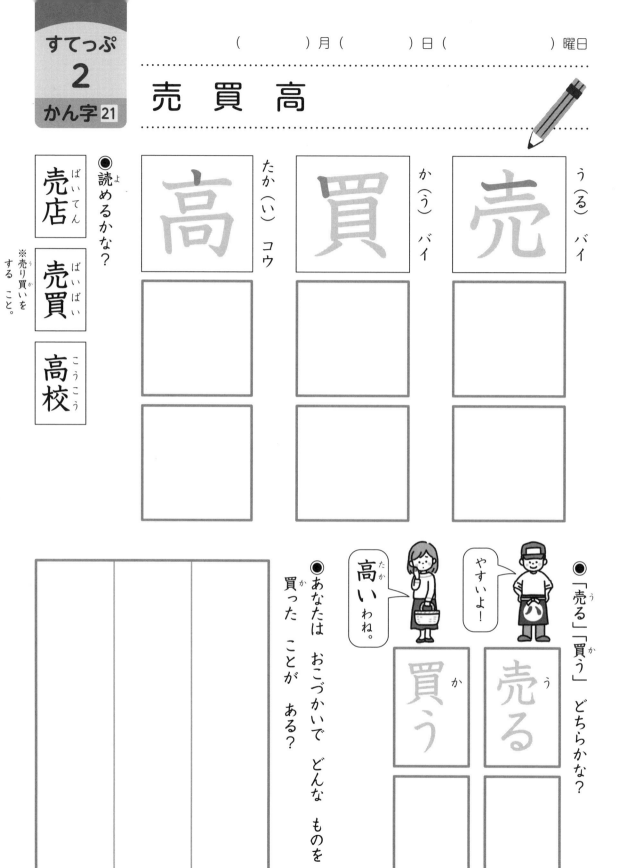

（　　　）月（　　　）日（　　　　　）曜日

内 外 心

内 うち ナイ

外 そと ガイ

心 こころ シン

おには 外《そと》! ふくは 内《うち》!

◉○の 「内《うち》がわ」「外《そと》がわ」は どちら?

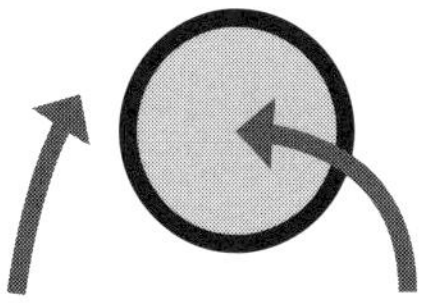

内《うち》がわ

外《そと》がわ

◉あなたの 「心《こころ》」の 中《なか》には どんな 気《き》もちが あるかな?

やさしい うれしい さみしい
かなしい たのしい くやしい
ワクワク イライラ など

心

（　　　）月（　　　）日（　　　）曜日

多　少　友

多

おお（い）　タ

少

すく（ない）　ショウ

友

とも　ユウ

◉読《よ》めるかな？

友人《ゆうじん》

多数《たすう》

多少《たしょう》

◉どちらが「多《おお》い」？「少《すく》ない」？
線《せん》で　むすぼう。

多《おお》い

少《すく》ない

◉知《し》って　いる　友《とも》だちの　名前《なまえ》を　書《か》こう。

友《とも》だち

れんしゅうプリント①②③（39～41ページ）を　つかって　たくさん　れんしゅうしよう。

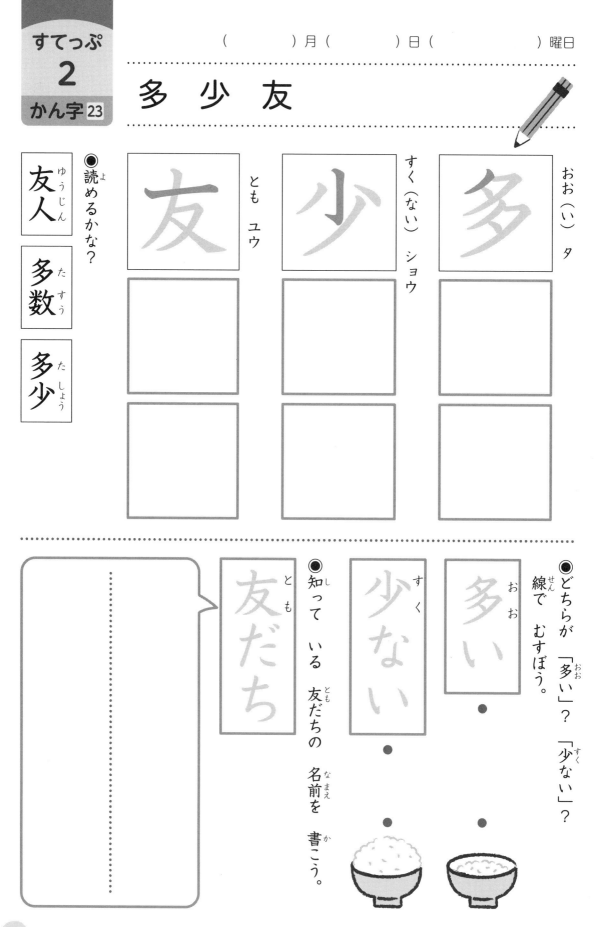

（　　　）月（　　　）日（　　　）曜日

太　細　食

ふと（い）　タ

太

ほそ（い）・こま（かい）　サイ

細

た（べる）　ショク

食

◉読《よ》めるかな？

細《こま》かい

きゅう食《しょく》

◉書《か》いて　みよう。

太《ふと》い

細《ほそ》い

食《た》べる

すきな　食《た》べものを　書《か》いて　みよう！

れんしゅうプリント①②③（39～41ページ）を　つかって　たくさん　れんしゅうしよう。

すてっぷ 2
かん字 25

（　　　）月（　　　）日（　　　　）曜日

遠　近　園

遠　とお（い）　エン

近　ちか（い）　キン

園　エン

◉読《よ》めるかな？

遠足《えんそく》

公園《こうえん》

遠近《えんきん》

※遠《とお》い ことと近《ちか》い こと。

◉書《か》いて みよう。

遠《とお》い

近《ちか》い

◉あなたの 家《いえ》の 近《ちか》くに ある ものは？

（れい） 公園 学校 ショッピングセンター

れんしゅうプリント①②③（39～41ページ）を　つかって　たくさん　れんしゅうしよう。

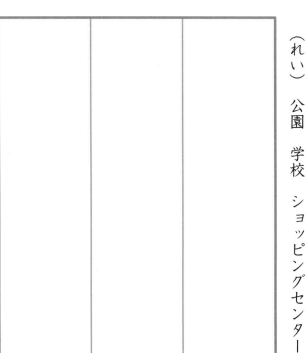

すてっぷ
2
かん字 26

（　　　）月（　　　）日（　　　）曜日

体　頭　顔

体　からだ　タイ

頭　あたま　トウ

顔　かお　ガン

◉「体《からだ》」に　かんけいする　ことばを　読《よ》もう。

体《たい》いく

体《たい》じゅう

体力《たいりょく》

◉書《か》いて　みよう。

頭　あたま

顔　かお

◉あなたの　顔《かお》を　かこう。

★かん字《じ》で　書《か》けるかな？
（ふくしゅうもんだい）

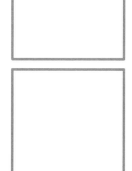

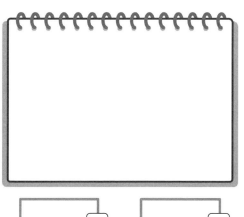

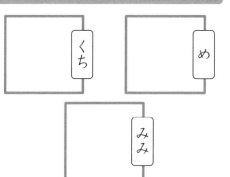

め

くち

みみ

すてっぷ
2
かん字 27

（　　　）月（　　　）日（　　　）曜日

古　新　曜

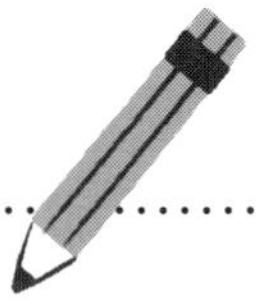

古　ふる（い）　コ

新　あたら（しい）　シン

曜　ヨウ

◉読《よ》めるかな？

古新聞《ふるしんぶん》

曜日《ようび》

◉かん字《じ》で　書《か》いて　みよう。

古《ふる》い本《ほん》

（ふるい）

新《あたら》しい本《ほん》

（あたらしい）

◉今日《きょう》は　何曜日《なんようび》？

◉明日《あす》は　何曜日《なんようび》？

れんしゅうプリント①②③（39～41ページ）を　つかって　たくさん　れんしゅうしよう。

（　　　）月（　　　）日（　　　）曜日

牛　馬　歩

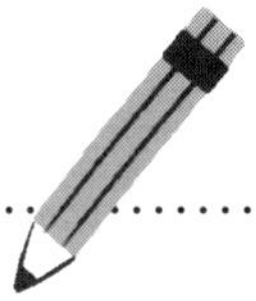

牛　うし　ギュウ

馬　うま　バ

歩　ある（く）　ホ

◉読《よ》めるかな？

牛肉《ぎゅうにく》

歩道《ほどう》

馬車《ばしゃ》

◉何《なに》が　歩《ある》く？

□が　歩《ある》く。

□が　□く。

ほかに　どんな　どうぶつを　知《し》って　いる？

◉「牛」「馬」「歩」から　えらんで　文《ぶん》を　作《つく》って　書《か》こう。

れんしゅうプリント①②③（39～41ページ）を　つかって　たくさん　れんしゅうしよう。

すてっぷ 2
かん字 29

（　　　）月（　　　）日（　　　）曜日

海　魚　鳥

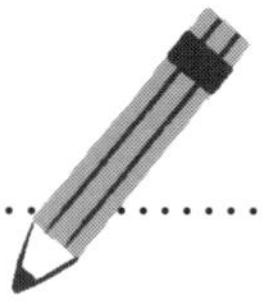

海　うみ　カイ

魚　さかな　ギョ

鳥　とり　チョウ

◉読《よ》めるかな？

金魚《きんぎょ》

小鳥《ことり》

海水《かいすい》

※海《うみ》の　水《みず》の　こと。

◉書《か》いて　みよう。

魚《さかな》を　つる。

どんな　魚《さかな》を　知《し》って　いる？

鳥《とり》が　鳴《な》く。

どんな　鳥《とり》を　知《し》って　いる？

れんしゅうプリント①②③（39～41ページ）を　つかって　たくさん　れんしゅうしよう。

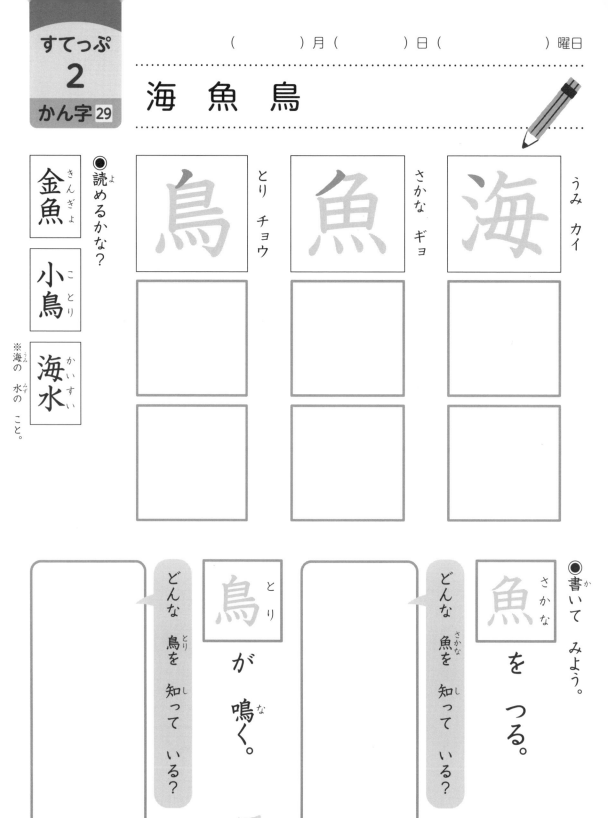

（　　　　）月（　　　　）日（　　　　）曜日

星　光　答

星　ほし　セイ

光　ひか（る）　コウ

答　こた（え）　トウ

◉読《よ》めるかな？

星空《ほしぞら》

答《こた》え合《あ》わせ

日光《にっこう》

※太《たい》ようの光《ひかり》の

◉書《か》いてみよう。

□《ほし》が□《ひか》る。

光《ひか》る　ものを　さがして　書《か》こう！

◉「星」「光」「答」から　えらんで　文《ぶん》を　作《つく》って　書《か》こう。

すてっぷ
2
かん字 31

（　　　）月（　　　）日（　　　）曜日

家　帰　道

家
いえ　カ

帰
かえ（る）　キ

道
みち　ドウ

◉読《よ》めるかな？

歩道《ほどう》

家《か》ぞく

帰《かえ》り道《みち》

◉書《か》いて　みよう。

□《いえ》に□《かえ》る。

学校《がっこう》から　家《いえ》までの
道《みち》を　せつ明《めい》しよう。
地図《ちず》で　かいても
いいよ！

帰《かえ》り道《みち》

れんしゅうプリント①②③（39～41ページ）を　つかって　たくさん　れんしゅうしよう。

（　　　）月（　　　）日（　　　）曜日

東　西　南　北

東　ひがし　トウ

西　にし　セイ・サイ

◉方角《ほうがく》を　書《か》こう。

きた

ひがし

にし

みなみ

南　みなみ　ナン

北　きた　ホク

◉読《よ》み方《かた》を　おぼえて　書《か》こう。

東西　とうざい

南北　なんぼく

北東　ほくとう

南西　なんせい

れんしゅうプリント①②③（39～41ページ）を　つかって　たくさん　れんしゅうしよう。

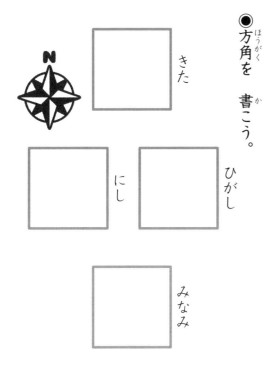

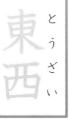

すてっぷ2のかん字

読《よ》めるかな？　書《か》けるかな？
れんしゅうプリント①②③で
たくさん　れんしゅうしましょう。

引 イン ひ(く)・ひ(ける)	羽 は・はね	雲 ウン くも	園 エン	遠 エン とお(い)	何 なに・なん	科 カ	夏 カ なつ	家 カ・ケ いえ・や	歌 カ うた・うた(う)	画 ガ・カク	回 カイ まわ(る)・まわ(す)	会 カイ あ(う)	海 カイ うみ	絵 カイ・エ	外 ガイ そと・ほか・はず(す)・はず(れる)	角 カク かど・つの	楽 ガク・ラク たの(しい)・たの(しむ)
活 カツ	間 カン・ケン あいだ・ま	丸 ガン まる・まる(い)・まる(める)	岩 ガン いわ	顔 ガン かお	汽 キ	記 キ しる(す)	帰 キ かえ(る)・かえ(す)	弓 ゆみ	牛 ギュウ うし	魚 ギョ うお・さかな	京 キョウ	強 キョウ つよ(い)・つよ(まる)・つよ(める)	教 キョウ おし(える)・おそ(わる)	近 キン ちか(い)	兄 キョウ あに	形 ケイ・ギョウ かた・かたち	計 ケイ はか(る)・はか(らう)
元 ゲン・ガン もと	言 ゲン・ゴン い(う)・こと	原 ゲン はら	戸 コ と	古 コ ふる(い)・ふる(す)	午 ゴ	後 ゴ・コウ のち・うし(ろ)・あと	語 ゴ かた(る)・かた(らう)	工 コウ・ク	公 コウ	広 コウ ひろ(い)・ひろ(まる)・ひろ(める)・ひろ(がる)・ひろ(げる)	交 コウ まじ(わる)・まじ(える)・ま(じる)・ま(ざる)・ま(ぜる)	光 コウ ひか(る)・ひかり	考 コウ かんが(える)	行 コウ・ギョウ い(く)・ゆ(く)・おこな(う)	高 コウ たか(い)・たか・たか(まる)・たか(める)	黄 オウ き	合 ゴウ・ガッ・カッ あ(う)・あ(わす)・あ(わせる)
谷 たに	国 コク くに	黒 コク くろ・くろ(い)	今 コン いま	才 サイ	細 サイ ほそ(い)・ほそ(る)・こま(か)・こま(かい)	作 サク・サ つく(る)	算 サン	止 シ と(まる)・と(める)	市 シ いち	矢 や	姉 あね	思 シ おも(う)	紙 シ かみ	寺 ジ てら	自 ジ・シ みずか(ら)	時 ジ とき	室 シツ
社 シャ やしろ	弱 ジャク よわ(い)・よわ(る)・よわ(まる)・よわ(める)	首 シュ くび	秋 シュウ あき	週 シュウ	春 シュン はる	書 ショ か(く)	少 ショウ すく(ない)・すこ(し)	場 ジョウ ば	色 ショク・シキ いろ	食 ショク く(う)・た(べる)	心 シン こころ	新 シン あたら(しい)・あら(た)・にい	親 シン おや・した(しい)・した(しむ)	図 ズ・ト はか(る)	数 スウ かず・かぞ(える)	西 セイ・サイ にし	声 セイ こえ
星 セイ ほし	晴 セイ は(れる)・は(らす)	切 セツ き(る)・き(れる)	雪 セツ ゆき	船 セン ふね・ふな	線 セン	前 ゼン まえ	組 ソ くみ・く(む)	走 ソウ はし(る)	多 タ おお(い)	太 タイ・タ ふと(い)・ふと(る)	体 タイ からだ	台 ダイ・タイ	地 チ・ジ	池 チ いけ	知 チ し(る)	茶 チャ	昼 チュウ ひる
長 チョウ なが(い)	鳥 チョウ とり	朝 チョウ あさ	直 チョク・ジキ ただ(ちに)・なお(す)・なお(る)	通 ツウ とお(る)・とお(す)・かよ(う)	弟 ダイ おとうと	店 テン みせ	点 テン	電 デン	刀 トウ かたな	冬 トウ ふゆ	当 トウ あ(たる)・あ(てる)	東 トウ ひがし	答 トウ こた(える)・こた(え)	頭 トウ・ズ あたま	同 ドウ おな(じ)	道 ドウ みち	読 ドク・トク・トウ よ(む)
内 ナイ うち	南 ナン みなみ	肉 ニク	馬 バ うま・ま	売 バイ う(る)・う(れる)	買 バイ か(う)	麦 むぎ	半 ハン なか(ば)	番 バン	父 フ ちち	風 フウ かぜ・かざ	分 ブン・フン・ブ わ(ける)・わ(かれる)・わ(かる)・わ(かつ)	聞 ブン き(く)・き(こえる)	米 ベイ・マイ こめ	歩 ホ ある(く)・あゆ(む)	母 ボ はは	方 ホウ かた	北 ホク きた
毎 マイ	妹 いもうと	万 マン	明 ミョウ・メイ あ(かり)・あか(るい)・あか(るむ)・あか(らむ)・あき(らか)・あ(ける)・あ(く)・あ(くる)・あ(かす)			鳴 メイ な(く)・な(る)・な(らす)	毛 モウ け	門 モン	夜 ヤ よ・よる	野 ヤ の	友 ユウ とも	用 ヨウ もち(いる)	曜 ヨウ	来 ライ く(る)	里 リ さと	理 リ	話 ワ はな(す)・はなし

は　すてっぷ2 1～32 で　とり上《あ》げた　かん字《じ》です。ほかの　かん字《じ》も　れんしゅうしましょう。
※かん字《じ》は　音読《おんよ》み（カタカナ）→くん読《よ》み（ひらがな）の　じゅんに　入《はい》って　います。

すてっぷ 2
かん字

(　　　)月(　　　)日(　　　)曜日

れんしゅうプリント①

CD-ROM プリントして つかおう!

かん字《じ》を　えらんで、たくさん　れんしゅうしましょう。

書《か》きじゅんにも
気《き》を　つけてね。

◉かん字《じ》を　一《ひと》つ　えらんで、文《ぶん》を　作《つく》って　書《か》こう。

読《よ》み方《かた》

読《よ》み方《かた》

読《よ》み方《かた》

よく　できました！

（　　　　）月（　　　　）日（　　　　）曜日

れんしゅうプリント②

CD-ROM プリントしてつかおう！

かん字《じ》を　つかって　文《ぶん》を　作《つく》りましょう。

すてっぷ2の
かん字《じ》を　えらんで
文《ぶん》を　作《つく》ってね。

（れい）

春　→　もうすぐ　春《はる》の　うんどう会《かい》です。

絵　→　わたしは　絵《え》を　かく　ことが　大《だい》すきです。

できた　文《ぶん》を
まわりの　人《ひと》にも
読《よ》んで　もらおう！

（　　　）月（　　　）日（　　　　）曜日

れんしゅうプリント③

日記《にっき》を　書《か》きましょう（知《し》って　いる　かん字《じ》を　つかおう）。

月《がつ》

日《にち》

曜日《ようび》

今日《きょう》の　天気《てんき》

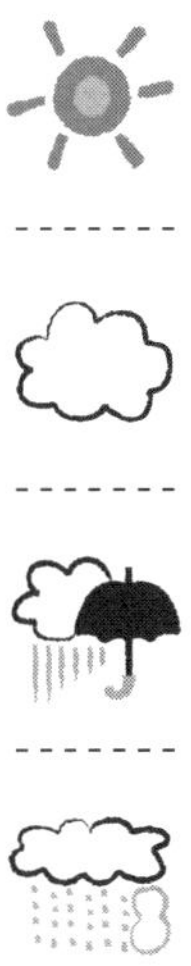

（　　）月（　　）日（　　）曜日

チャレンジテスト1

①四《よっ》つの　きせつを　あらわす　かん字《じ》を　書《か》こう。

春

②一日《いちにち》の　時間《じかん》を　あらわす　かん字《じ》を　書《か》こう。

あさ　ひる　よる

③一日《いちにち》は　正午《しょうご》（お昼《ひる》の　十二時《じゅうにじ》）を　はさんで　ごぜん　と　ごご　にわかれる。

④今《いま》の　時《じ》こくは、　じ　ふん　だ。

⑤かぞくを　あらわす　かん字《じ》を　書《か》こう。

ちち　はは　あに　あね　おとうと　いもうと

⑥教科《きょうか》を　あらわす　かん字《じ》を　書《か》こう。

こくご　さんすう　ずこう　おんがく

⑦色《いろ》を　あらわす　かん字《じ》を　書《か》こう。

くろ　き　ちゃ

⑧生《い》きものを　あらわす　かん字《じ》を　書《か》こう。

うし　うま　とり

⑨体《からだ》に　かんする　かん字《じ》を　書《か》こう。

あたま　かお

⑩四《よっ》つの　方《ほう》がくを　あらわす　かん字《じ》を　書《か》こう。

東

10もん中《ちゅう》、何《なん》もん　合《あ》って　いましたか？

もん／10もん

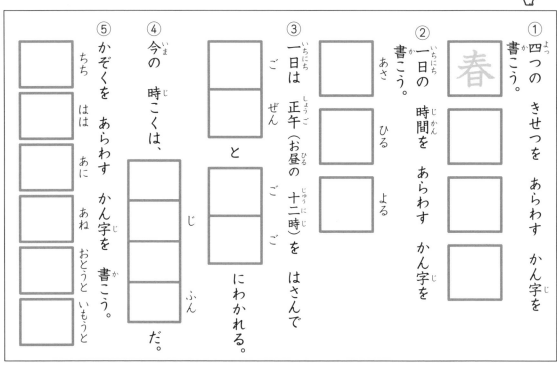

（　　　）月（　　　）日（　　　）曜日

チャレンジテスト2

◉はんたいの いみを あらわす 二《ふた》つの ことばを かん字《じ》を つかって 書《か》こう。

① つよい　強い ⇔ よわい

② うる ⇔ かう

③ おおい ⇔ すくない

④ ふとい ⇔ ほそい

⑤ とおい ⇔ ちかい

◉―線《せん》の ぶ分《ぶん》を かん字《じ》に 直《なお》して 文《ぶん》を 書《か》こう。

⑥ はれ のち ゆき。

⑦ はなしを きく。

⑧ にくを たべる。

⑨ ほしが ひかる。

⑩ いえに かえる。

10もん中《ちゅう》、何《なん》もん 合《あ》って いましたか？　もん／10もん

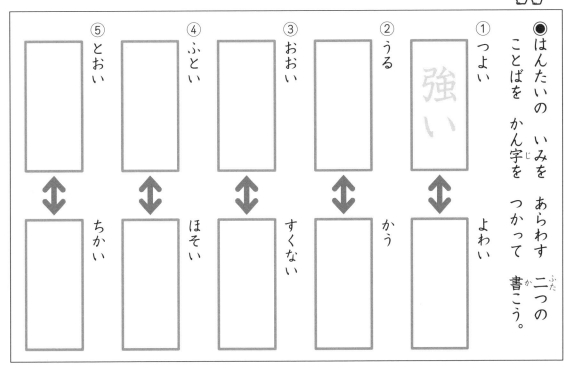

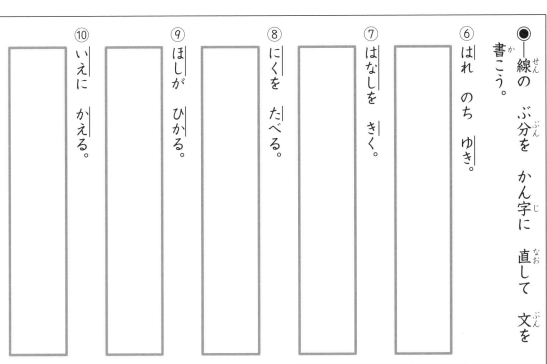

答え

すてっぷ 2 かん字

●19ページ【かん字14】
(顔《かお》の　中《なか》の　どこを　つかうかな?)「聞《き》く」→「耳《みみ》」、「話《はな》す」「言《い》う」→「口《くち》」

●24ページ【かん字19】
(一週間《いっしゅうかん》の　曜日《ようび》)月《げつ》、火《か》、水《すい》、木《もく》、金《きん》、土《ど》、日《にち》

●28ページ【かん字23】
(どちらが　「多《おお》い」?　「少《すく》ない」?)

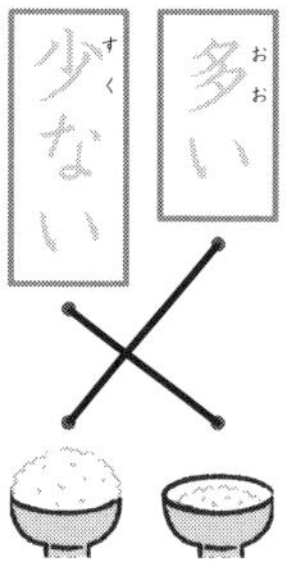

●31ページ【かん字26】
(かん字《じ》で　書《か》けるかな?)め→目《め》　くち→口《くち》　みみ→耳《みみ》

●33ページ【かん字28】
(何《なに》が　歩《ある》く?)(右《みぎ》から)馬《うま》が　歩《ある》く。／牛《うし》が　歩《ある》く。

★むずかしかった　かん字《じ》を　れんしゅうして　みよう!

●42ページ【チャレンジテスト1】
① (春《はる》)夏《なつ》　秋《あき》　冬《ふゆ》
② 朝《あさ》　昼《ひる》　夜《よる》
③ 午前《ごぜん》　午後《ごご》
④ (　)時《じ》(　)分《ふん》
⑤ 父《ちち》　母《はは》　兄《あに》　姉《あね》　弟《おとうと》　妹《いもうと》
⑥ 国語《こくご》　算数《さんすう》
図工《ずこう》　音楽《おんがく》
⑦ 黒《くろ》　黄《き》　茶《ちゃ》
⑧ 牛《うし》　馬《うま》　鳥《とり》
⑨ 頭《あたま》　顔《かお》
⑩ (東《ひがし》)　西《にし》　南《みなみ》　北《きた》(じゅん番《ばん》は　ちがっても　かん字《じ》が　合《あ》って　いれば　よいです。)

●43ページ【チャレンジテスト2】
① (強《つよ》い)↕弱《よわ》い
② 売《う》る↕買《か》う
③ 多《おお》い↕少《すく》ない
④ 太《ふと》い↕細《ほそ》い
⑤ 遠《とお》い↕近《ちか》い
⑥ 晴《は》れ　のち(後《のち》)　雪《ゆき》。
⑦ 話《はなし》を　聞《き》く。
⑧ 肉《にく》を　食《た》べる。
⑨ 星《ほし》が　光《ひか》る。
⑩ 家《いえ》に　帰《かえ》る。

すてっぷ2
けいさん

●くり上《あ》がりの　ある　足《た》し算《ざん》、くり下《さ》がりの　ある
引《ひ》き算《ざん》の　ひっ算《さん》の　やりかたを　おぼえよう!

●文《ぶん》しょうもんだいから　足《た》し算《ざん》・引《ひ》き算《ざん》の　しきを
立《た》てて　答《こた》えを　もとめよう!

●九九《くく》を　おぼえて　かけ算《ざん》の　しきが
立《た》てられるように　なろう!

けいさんの　力《ちから》を　チェック!

- □ くり上《あ》がりの　ない　足《た》し算《ざん》が　できる。
- □ くり下《さ》がりの　ない　引《ひ》き算《ざん》が　できる。
- □ くり上《あ》がりの　ある　足《た》し算《ざん》が　できる。
- □ くり下《さ》がりの　ある　引《ひ》き算《ざん》が　できる。
- □ 九九《くく》を　おぼえて　いる。
（1・2・3・4・5・6・7・8・9の　だん）
- □ 足《た》し算《ざん》・引《ひ》き算《ざん》・かけ算《ざん》の　文《ぶん》しょうもんだいから
しきを　立《た》てて　答《こた》えを　もとめる　ことが　できる。

すてっぷ 2
けいさん 1

(　　　)月(　　　)日(　　　　)曜日

ふくしゅう①

計算《けいさん》を　しましょう。

(1)　1 ＋ 3 ＝ □

(2)　4 － 2 ＝ □

(3)　7 － 4 ＝ □

(4)　8 ＋ 2 ＝ □

スペシャル　もんだい！

絵《え》を　見《み》て、しきと　答《こた》えを　書《か》きましょう。

ねこと　犬《いぬ》が　います。合《あ》わせて　何《なん》びきですか？

しき	答《こた》え　　ひき

さくらんぼ教室の学習基礎トレーニング集 きそトレ

すてっぷ①～⑥
刊行開始！

CD-ROM付き

自分のペースで学びたい子のための

サポートドリル

かん字・けいさん すてっぷ① すてっぷ②

サポートドリルとは？

1人ひとりに合う
“すてっぷ”を選んで、
「できる」ところから

サポートドリル執筆者

株式会社Grow-Sさくらんぼ教室

勉強が苦手な子ども、発達障害をもつ子どものための学習塾。1990年開設。
千葉県・東京都・神奈川県・茨城県の13教室で２才〜社会人まで
2,500人が学習中（2021年３月現在）。

さくらんぼ教室ホームページ▼
http://www.sakuranbo-class.com/

伊庭 葉子（いば・ようこ）〔監修〕

株式会社Grow-S代表取締役（特別支援教育士）

1990年より発達障害をもつ子どもたちの学習塾「さくらんぼ教室」を展開。

小寺 絢子（こでら・あやこ）

株式会社Grow-S教室運営部・教務リーダー

さくらんぼ教室・教室長を歴任。
現在は教務リーダーとして、カリキュラムの作成、教材作成、人材育成など幅広く担当している。

内容見本

ご注文

〈CD-ROM付き〉自分のペースで学びたい子のための
サポートドリル　かんじ・けいさん すてっぷ①
●B5判　●定価1,980円（本体1,800円+税）
●ISBN978-4-7619-2704-2
2021年4月下旬刊行
冊

〈CD-ROM付き〉自分のペースで学びたい子のための
サポートドリル　かんじ・けいさん すてっぷ②
●B5判　●定価1,980円（本体1,800円+税）
●ISBN978-4-7619-2705-9
2021年4月下旬刊行
冊

続刊のご案内
サポートドリル すてっぷ③、すてっぷ④ ▶ 2021年6月下旬刊行予定
サポートドリル すてっぷ⑤、すてっぷ⑥ ▶ 2021年8月下旬刊行予定

書店印	（フリガナ） お名前	TEL
	お届け先ご住所 □自宅届 □学校届	〒 学校名

●最寄の書店にご注文いただいてもお取り寄せできます。（注文書を書店にお渡しください。）　●当社より直接希望の方は、必要事項をご記入の上、下記番号までFAXください。　●書籍と共に振込用紙を同封しますので、到着後お支払い下さい。　●送料は無料です。
●ホームページからもご注文できます。➡**http://www.gakuji.co.jp**

ご注文に関する
お問い合わせ
FAX 03-3255-8854
学事出版 営業部 ☎03-3255-0194
千代田区外神田2-2-3　E-Mail eigyoubu@gakuji.co.jp

●学年にとらわれず、お子さんの得意・不得意に合わせて、ちょうどよい「すてっぷ」を選べるので、**通級指導教室**や**特別支援学級・学校**での個別指導に活用できるほか、家庭学習用教材としても役立ちます。

●“れんしゅうプリント”を活用することで、さらに個々に合わせた学びを広げることができます。学校やご家庭でもお子さんと一緒にたくさん問題を作ってみてください。

サポートドリル
かんじ・けいさん すてっぷ①

- B5判
- 定価1,980円（本体1,800円+税）
- ISBN978-4-7619-2704-2

サポートドリル
かんじ・けいさん すてっぷ②

- B5判
- 定価1,980円（本体1,800円+税）
- ISBN978-4-7619-2705-9

すてっぷ①・すてっぷ② 2021年4月下旬刊行

サポートドリルの特長

① 学びやすいサポートが入っているので、「できた!」が実感できる!

- 「かけるかな」「よめたら まるを つけよう」「スペシャルもんだい」などの課題を進めるごとに、「できた!」が実感でき、自信が持てるようになります。

② 繰り返し練習することで、漢字や計算の基礎が身につく!

- 付属のCD-ROMからPDFデータをプリントして、何度も使えます。
- 「れんしゅうプリント」を使って、オリジナル問題を作りながら、何度も練習できます。

③ 学習につまづきのある子、学習習慣がついていない子も自分のペースで学べる!

④ 子どもたちの生活の中で考える、イラストを使った身近で楽しい問題!

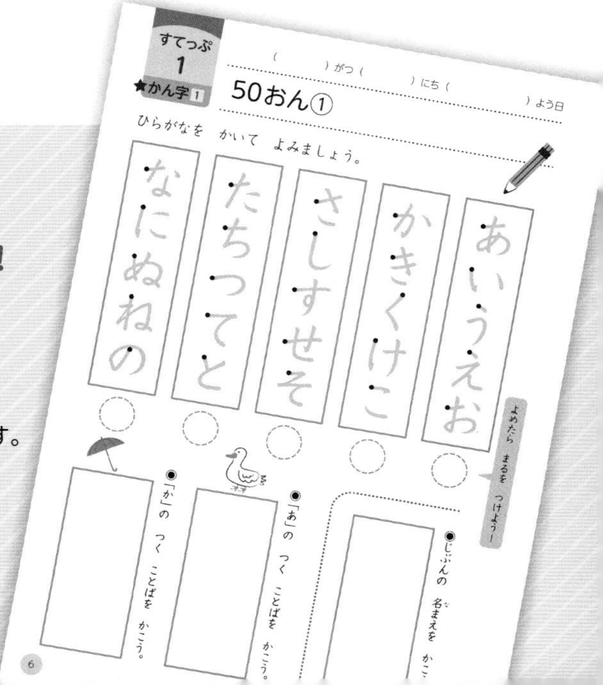

（　　　）月（　　　）日（　　　）曜日

ふくしゅう②

計算《けいさん》を　しましょう。

(1) 12 － 3 ＝ □

(2) 5 ＋ 8 ＝ □

(3) 15 － 7 ＝ □

(4) 9 ＋ 2 ＝ □

スペシャル　もんだい！

絵《え》を　見《み》て、しきと　答《こた》えを　書《か》きましょう。

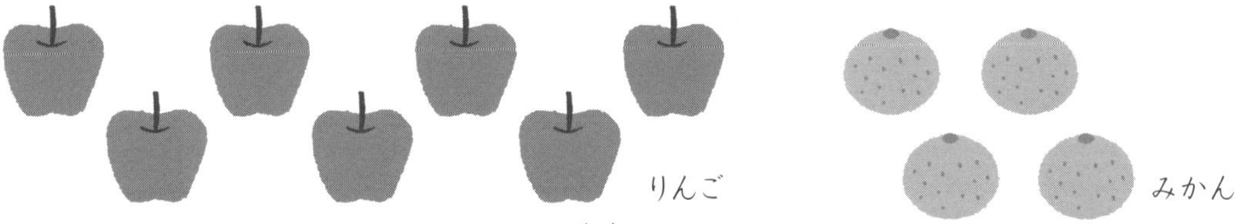

りんごと　みかんの　ちがいは　何《なん》こですか？

しき	答《こた》え
	こ

すてっぷ
2
けいさん 3

（　　　）月（　　　）日（　　　）曜日

ふくしゅう③

計算《けいさん》を　しましょう。

(1) 18 − 3 ＝ □

(2) 9 ＋ 4 ＝ □

(3) 12 − 8 ＝ □

(4) 14 ＋ 6 ＝ □

スペシャル　もんだい！

絵《え》を　見《み》て、しきと　答《こた》えを　書《か》きましょう。

かえると　かめ　どちらが　何《なん》びき　多《おお》いですか？

しき	答《こた》え
	のほうが ひき　多《おお》い。

(　　　)月(　　　)日(　　　　)曜日

ひっ算（足し算）①

れいを　見《み》て、ひっ算《さん》に　ちょうせんしよう！

（れい）

くらいを　そろえて　数字《すうじ》を
たてに　ならべて　書《か》きます。

①一《いち》のくらい、②十《じゅう》のくらいの
じゅんに　計算《けいさん》します。

```
   1 1
 + 2 5
 -----
```

→

```
   ②  ①
   1 | 1
 + 2 | 5
 -------
   3 | 6
```

1+2 → 3　　1+5 → 6

$11 + 25 =$ □

答《こた》えを　書《か》こう！

(1) $31 + 23 =$ □

```
   ②  ①
   3 | 1
 + 2 | 3
 -------
```

(2) $24 + 12 =$ □

```
 +
 -------
```

スペシャル　もんだい！

丸《まる》い　シールが　12まい、四角《しかく》い　シールが　15まい

あります。合《あ》わせて　何《なん》まいですか？

1 しき

2 ひっ算《さん》を　書《か》こう！

```
 +
 -------
```

3 答《こた》え

まい

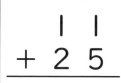

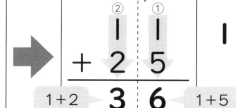

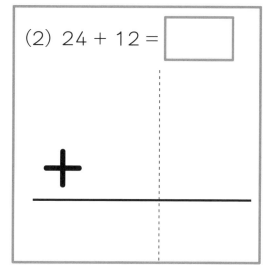

すてっぷ 2
けいさん 5

（　　　）月（　　　）日（　　　）曜日

ひっ算（足し算）②

れいを　見《み》て、ひっ算《さん》に　ちょうせんしよう！

（れい）

くらいを　そろえて　数字《すうじ》を
たてに　ならべて　書《か》きます。

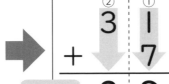

①一《いち》のくらい、②十《じゅう》のくらいの
じゅんに　計算《けいさん》します。

```
  3 1          ②  ①
+   7           3 | 1
-----    →   +    | 7
             --------
                3 | 8
```

そのまま → 3　　8 ← 1+7

$31 + 7 =$ □

答《こた》えを　書《か》こう！

（1）$2 + 56 =$ □

```
    ② | ①
      | 2
+   5 | 6
-------------
      |
```

（2）$42 + 7 =$ □

```
    □ | □
+     | □
-------------
      |
```

スペシャル　もんだい！

プリンが　5こ、ゼリーが　21こ
あります。合《あ》わせて　何《なん》こですか？

1 しき

2 ひっ算《さん》を　書《か》こう！

```
      |
+     |
-------------
      |
```

3 答《こた》え

こ

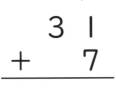

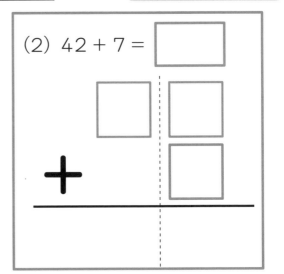

すてっぷ 2
けいさん 6

（　　　）月（　　　）日（　　　）曜日

ひっ算（足し算）③

計算《けいさん》を　しよう！

(1) 45 + 21 = □

② ①
　4 5
+ 2 1

(2) 3 + 34 = □

+

(3) 36 + 3 = □

+

(4) 55 + 24 = □

スペシャル　もんだい！

りんごが　27こ、みかんが　51こ　あります。合《あ》わせて　何《なん》こですか？

1 しき

2 ひっ算《さん》を　書《か》こう！

+

3 答《こた》え

こ

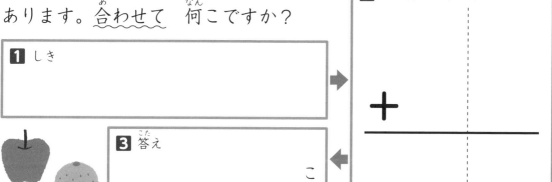

すてっぷ 2
けいさん 7

（　　　）月（　　　）日（　　　）曜日

ひっ算（引き算）①

ひっ算《さん》に　ちょうせんしよう！

（れい）

くらいを　そろえて　数字《すうじ》を　たてに　ならべて　書《か》きます。

①一《いち》のくらい、②十《じゅう》のくらいの　じゅんに　計算《けいさん》します。

$$\begin{array}{r} 34 \\ -\ 21 \\ \hline \end{array}$$

→

②　①

$$\begin{array}{r} 34 \\ -\ 21 \\ \hline 13 \end{array}$$

3－2 → 1　　3 ← 4－1

34－21＝□

答《こた》えを　書《か》こう！

（1）67 － 45＝□

②　①

$$\begin{array}{r} 67 \\ -\ 45 \\ \hline \end{array}$$

（2）45 － 13＝□

$$\begin{array}{r} \\ - \quad \\ \hline \end{array}$$

スペシャル　もんだい！

あめが　37こ　あります。22こ　食《た》べると　のこりは　何《なん》こに　なりますか？

1 しき

2 ひっ算《さん》を　書《か》こう！

$$\begin{array}{r} \\ - \quad \\ \hline \end{array}$$

3 答《こた》え

こ

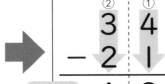

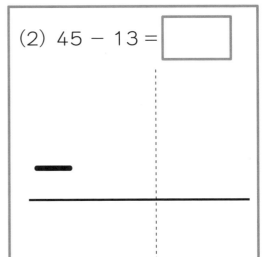

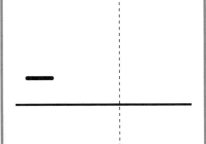

（　　　　）月（　　　　）日（　　　　　　）曜日

ひっ算（引き算）②

ひっ算《さん》に　ちょうせんしよう！

（れい）

くらいを　そろえて　数字《すうじ》を
たてに　ならべて　書《か》きます。

```
  5 8
－5 7
─────
```

①一《いち》のくらい、②十《じゅう》のくらいの
じゅんに　計算《けいさん》します。

```
  ② ①
  5 8
－5 7
─────
  0 1
```

5−5=0
0は書《か》かない。

8−7

58 − 57 = □

答《こた》えを　書《か》こう！

（1）65 − 63 = □

```
  ② ①
  6 5
－6 3
─────
```

（2）49 − 46 = □

```
－
─────
```

スペシャル　もんだい！

公園《こうえん》に　子《こ》どもが　18人《にん》　います。15人《にん》　家《いえ》に　帰《かえ》ると
のこりは　何人《なんにん》に　なりますか？

1 しき

2 ひっ算《さん》を　書《か》こう！

```
－
─────
```

3 答《こた》え
　　　　　　　　人《にん》

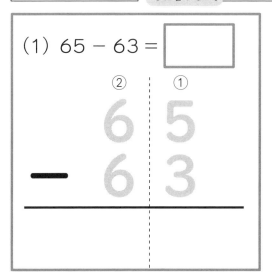

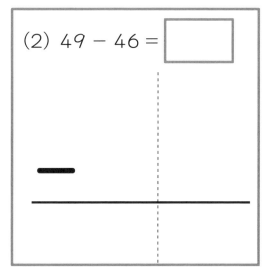

すてっぷ 2
けいさん 9

（　　）月（　　）日（　　）曜日

ひっ算（引き算）③

計算《けいさん》を　しよう！

（1）57 − 3 = □

②	①
5	7
−	3

（2）25 − 14 = □

（3）63 − 61 = □

（4）38 − 5 = □

スペシャル　もんだい！

男《おとこ》の子《こ》が　34人《にん》、女《おんな》の子《こ》が　31人《にん》 います。ちがいは　何人《なんにん》ですか？

❶ しき

❷ ひっ算《さん》を　書《か》こう！

❸ 答《こた》え

人《にん》

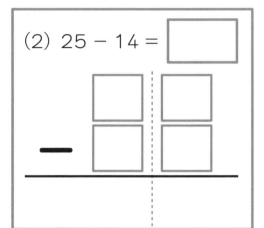

すてっぷ 2
けいさん10

（　　　）月（　　　）日（　　　　　）曜日

くり上がりの　ある　ひっ算①

くり上《あ》がりの　ある　ひっ算《さん》に　ちょうせんしよう！

（れい）

十《じゅう》の　くらいに
くり上《あ》げる。

	1	
	2	5
＋		5
	3	0

10

25＋5＝30

(1)

	□	
	4	8
＋		2
	□	□

(2)

	□	
	5	6
＋		6
	□	□

スペシャル　もんだい！

えんぴつが　37本《ほん》、ボールペンが　3本《ぼん》
あります。合《あ》わせて　何本《なんぼん》ですか？

1 しき

2 ひっ算《さん》を　書《か》こう！

＋

3 答《こた》え

本《ほん》

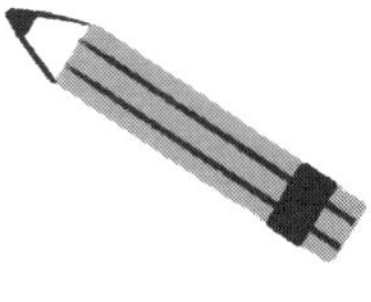

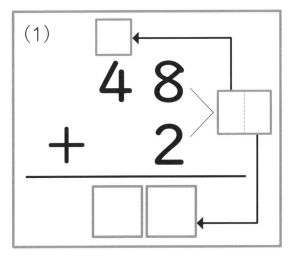

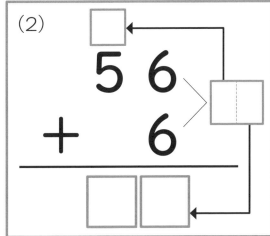

すてっぷ 2
けいさん 11

（　　　　）月（　　　　）日（　　　　　　）曜日

くり上がりの　ある　ひっ算②

くり上《あ》がりの　ある　ひっ算《さん》に　ちょうせんしよう！

（れい）

	1	
	1	5
+	2	5
	4	0

1＋1＋2　　10

15＋25＝40

（1）

	2	7
+	1	5
	□	□

（2）

	6	4
+	2	9
	□	□

スペシャル　もんだい！

クッキーが　35まい、せんべいが
25まい　あります。
合《あ》わせて　何《なん》まいですか？

1 しき

2 ひっ算《さん》を　書《か》こう！

＋

3 答《こた》え

まい

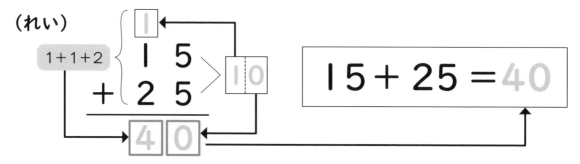

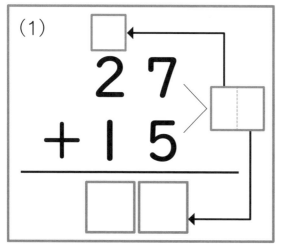

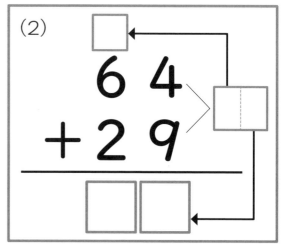

(　　　)月(　　　)日(　　　　　)曜日

くり上がりの　ある　ひっ算③

れいを　見《み》て、ひっ算《さん》に　ちょうせんしよう！

(れい)

	8	5
+	2	1
1	0	6

85＋21＝106

(1)

	5	9
+	8	0
□	□	□

(2)

	6	3
+	9	1

スペシャル　もんだい！

まいさんは　シールを　42まい、ゆうくんは　シールを　76まい　もって　います。
ぜんぶで　何《なん》まいですか？

1 しき

2 ひっ算《さん》を　書《か》こう！

＋

3 答《こた》え

まい

すてっぷ 2
けいさん 13

（　　　）月（　　　）日（　　　）曜日

くり下がりの　ある　ひっ算①

くり下《さ》がりの　ある　ひっ算《さん》に　ちょうせんしよう！

（れい）

5－1 → 4

```
   5 3
 －  6
 ─────
   4 7
```

13－6＝7

53－6＝47

（1）

2－1＝□

10－7＝□

```
   2 0
 －  7
 ─────
   □ □
```

（2）

3－1＝□

13－9＝□

```
   3 3
 －  9
 ─────
```

スペシャル　もんだい！

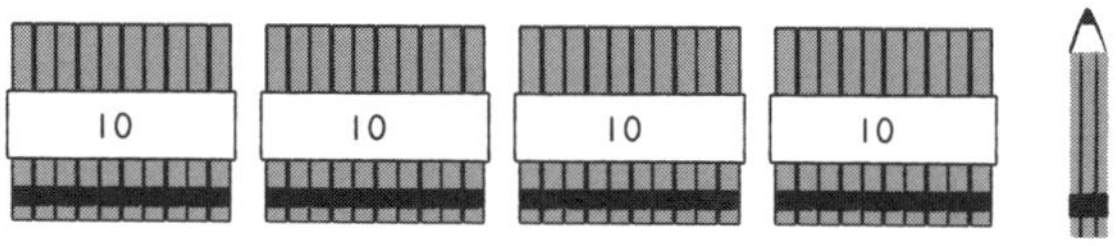

えんぴつが　41本《ぽん》　あります。
8本《ぽん》　あげると　のこりは
何本《なんぼん》に　なりますか？

1 しき

2 ひっ算《さん》を　書《か》こう！

－

3 答《こた》え

本《ほん》

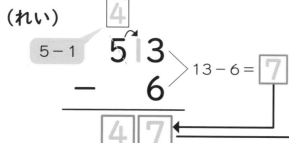

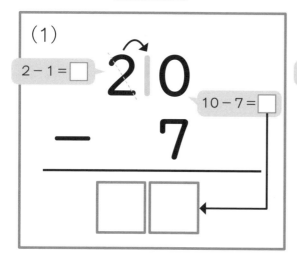

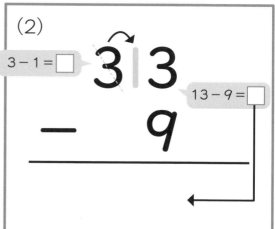

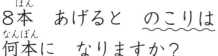

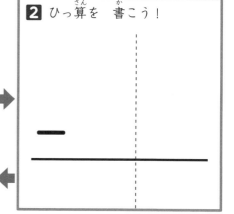

(　　　　)月(　　　　)日(　　　　)曜日

くり下がりの　ある　ひっ算②

くり下《さ》がりの　ある　ひっ算《さん》に　ちょうせんしよう！

(れい)

3－1＝□

 3 2
－1 4
―――
 1 8

12－4＝8

32－14＝18

(1)

5－1＝□

 5 1
－1 9
―――
 □ □

11－9＝□

(2)

□

 4 3
－3 8
―――

13－8＝□

十《じゅう》の　くらいの　答《こた》えが　0の　ときは　数字《すうじ》を　書《か》かない！

スペシャル　もんだい！

クッキーが　64まい　あります。
37まい　食《た》べました。
のこりは　何《なん》まいに　なりますか？

1 しき

2 ひっ算《さん》を　書《か》こう！

－

3 答《こた》え

まい

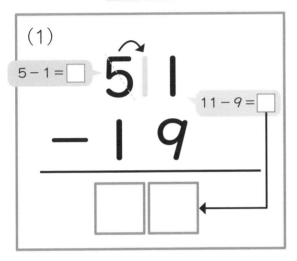

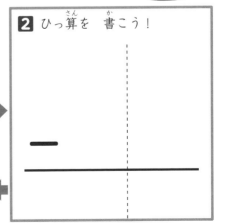

すてっぷ 2
けいさん15

（　　　）月（　　　）日（　　　）曜日

くり下がりの　ある　ひっ算③

くり下《さ》がりの　ある　ひっ算《さん》に　ちょうせんしよう！

（れい）

百《ひゃく》の　くらいから　かりてくる。

1－1＝0

```
  119
－ 56
―――――
   63
```

119－56＝63

(1)

```
  137
－ 56
―――――
  □□
```

(2)

4－1

```
  443
－ 65
―――――
```

スペシャル　もんだい！

365ページある　本《ほん》が　あります。
今日《きょう》までに　93ページ　読《よ》みました。
のこりは　何《なん》ページですか？

1 しき

2 ひっ算《さん》を　書《か》こう！

－

3 答《こた》え

ページ

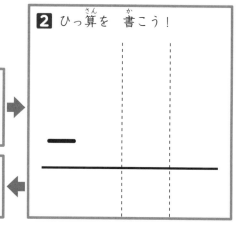

すてっぷ 2
けいさん 16

(　　　)月(　　　)日(　　　　　)曜日

3けた＋3けたの　計算

3けた＋3けたの　計算《けいさん》に　ちょうせんしよう！

(れい)

一《いち》のくらい
7＋6＝13

```
  1
  357
+ 246
-----
    3
```

→

十《じゅう》のくらい
1＋5＋4＝10

```
 11
  357
+ 246
-----
   03
```

→

百《ひゃく》のくらい
1＋3＋2＝6

```
 11
  357
+ 246
-----
  603
```

(1)

```
  □ □
  168
+ 358
-----
  □□□
```

(2)

```
  □
  645
+ 129
-----
```

スペシャル　もんだい！

チョコレートは　135円《えん》です。
あめは　167円《えん》です。
合《あ》わせて　何円《なんえん》ですか？

1 しき

2 ひっ算《さん》を　書《か》こう！

＋

3 答《こた》え

円《えん》

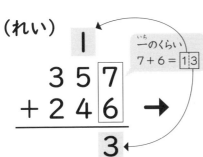

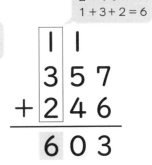

（　　　）月（　　　）日（　　　　）曜日

3けた－3けたの　計算

3けた－3けたの　計算《けいさん》に　ちょうせんしよう！

（れい）

2－1　1　9　10－1

1十《じゅう》の　くらいから　かりてくる。

2百《ひゃく》の　くらいから　かりてくる。

$$\begin{array}{r} 200 \\ -\ 187 \\ \hline 13 \end{array}$$

200 － 187 ＝ 13

（1）

$$\begin{array}{r} 230 \\ -\ 158 \\ \hline \end{array}$$

（2）

$$\begin{array}{r} 471 \\ -\ 192 \\ \hline \end{array}$$

スペシャル　もんだい！

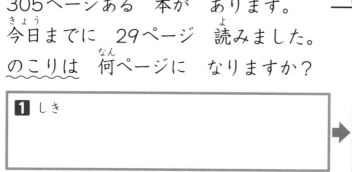

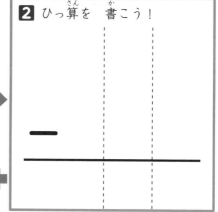

305ページある　本《ほん》が　あります。
今日《きょう》までに　29ページ　読《よ》みました。
のこりは　何《なん》ページに　なりますか？

1 しき

2 ひっ算《さん》を　書《か》こう！

－

3 答《こた》え

ページ

(　　　)月(　　　)日(　　　　　)曜日

九九　1の　だん

1の　だんの　九九《くく》を　おぼえましょう。

1《いん》 × 1《いち》 =《が》 □《いち》

1《いん》 × 2《に》 =《が》 □《に》

1《いん》 × 3《さん》 =《が》 □《さん》

1《いん》 × 4《し》 =《が》 □《し》

1《いん》 × 5《ご》 =《が》 □《ご》

1《いん》 × 6《ろく》 =《が》 □《ろく》

1《いん》 × 7《しち》 =《が》 □《しち》

1《いん》 × 8《はち》 =《が》 □《はち》

1《いん》 × 9《く》 =《が》 □《く》

スペシャル　もんだい！

メロンが　1はこに　1こずつ　入《はい》って　います。
3はこ　あるとき、メロンは　ぜんぶで　何《なん》こですか？

しき　　×　　＝

答《こた》え　　こ

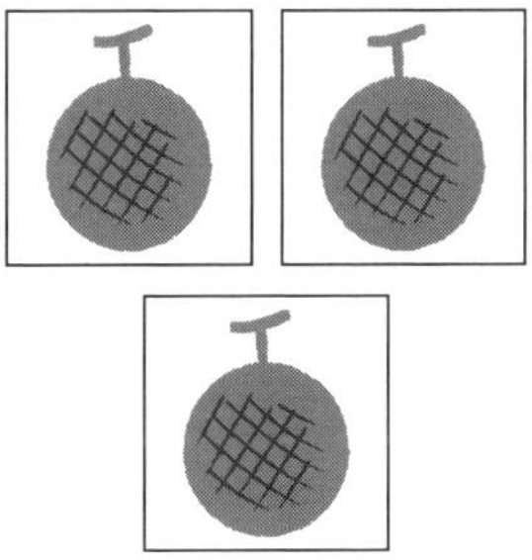

(　　　　)月(　　　　)日(　　　　　)曜日

九九　2の　だん

2の　だんの　九九《くく》を　おぼえましょう。

2《に》 × 1《いち》 =《が》 □《に》

2《に》 × 2《にん》 =《が》 □《し》

2《に》 × 3《さん》 =《が》 □《ろく》

2《に》 × 4《し》 =《が》 □《はち》

2《に》 × 5《ご》 = □《じゅう》

2《に》 × 6《ろく》 = □《じゅうに》

2《に》 × 7《しち》 = □《じゅうし》

2《に》 × 8《はち》 = □《じゅうろく》

2《に》 × 9《く》 = □《じゅうはち》

スペシャル　もんだい！

りんごが　2こずつ　のった　おさらが　5まい　あります。
りんごは　ぜんぶで　何《なん》こですか？

しき　　×　　=

答《こた》え　　こ

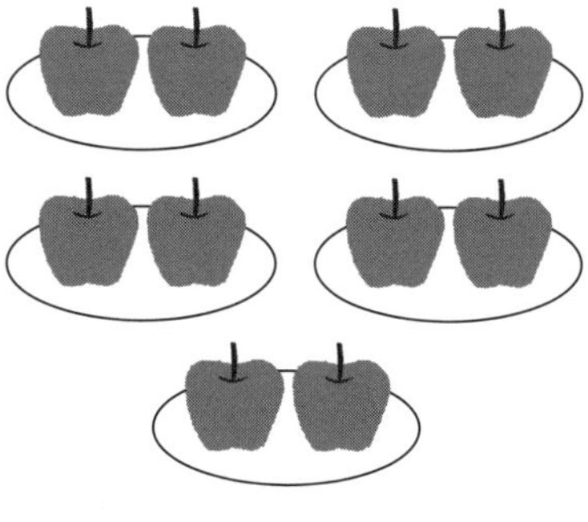

（　　　）月（　　　）日（　　　　）曜日

九九　3の　だん

3の　だんの　九九《くく》を　おぼえましょう。

3《さん》 × 1《いち》 =《が》 □《さん》

3《さん》 × 2《に》 =《が》 □《ろく》

3《さ》 × 3《ざん》 =《が》 □《く》

3《さん》 × 4《し》 =《が》 □《じゅうに》

3《さん》 × 5《ご》 =《が》 □《じゅうご》

3《さぶ》 × 6《ろく》 = □《じゅうはち》

3《さん》 × 7《しち》 = □《にじゅういち》

3《さん》 × 8《ぱ》 = □《にじゅうし》

3《さん》 × 9《く》 = □《にじゅうしち》

スペシャル　もんだい！

1《ひと》ふくろに、あめが　3こ　入《はい》って　います。7ふくろだと
あめは　ぜんぶで　何《なん》こですか？

しき　　×　　=

答《こた》え　　こ

（　　　）月（　　　）日（　　　　）曜日

九九　4の　だん

4の　だんの　九九《くく》を　おぼえましょう。

4《し》 × 1《いち》 =《が》 □《し》

4《し》 × 2《に》 =《が》 □《はち》

4《し》 × 3《さん》 = □《じゅうに》

4《し》 × 4《し》 = □《じゅうろく》

4《し》 × 5《ご》 = □《にじゅう》

4《し》 × 6《ろく》 = □《にじゅうし》

4《し》 × 7《しち》 = □《にじゅうはち》

4《し》 × 8《は》 = □《さんじゅうに》

4《し》 × 9《く》 = □《さんじゅうろく》

スペシャル　もんだい！

1はこに　4こずつ　ケーキが　入《はい》って　います。4はこ　あると、ケーキは　ぜんぶで　何《なん》こですか？

しき　　×　　＝

答《こた》え　　　こ

すてっぷ
2
けいさん22

（　　　）月（　　　）日（　　　）曜日

九九　5の　だん

5の　だんの　九《く》九《く》を　おぼえましょう。

5《ご》 × 1《いち》 ＝《が》 □《ご》

5《ご》 × 2《に》 ＝ □《じゅう》

5《ご》 × 3《さん》 ＝ □《じゅうご》

5《ご》 × 4《し》 ＝ □《にじゅう》

5《ご》 × 5《ご》 ＝ □《にじゅうご》

5《ご》 × 6《ろく》 ＝ □《さんじゅう》

5《ご》 × 7《しち》 ＝ □《さんじゅうご》

5《ご》 × 8《は》 ＝ □《しじゅう》

5《ごっ》 × 9《く》 ＝ □《しじゅうご》

スペシャル　もんだい！

えんぴつが　5本《ほん》1セットで　売《う》って　います。6セット　買《か》うと、えんぴつは　ぜんぶで　何本《なんぼん》に　なりますか？

しき　　　×　　　＝

答《こた》え　　　本《ほん》

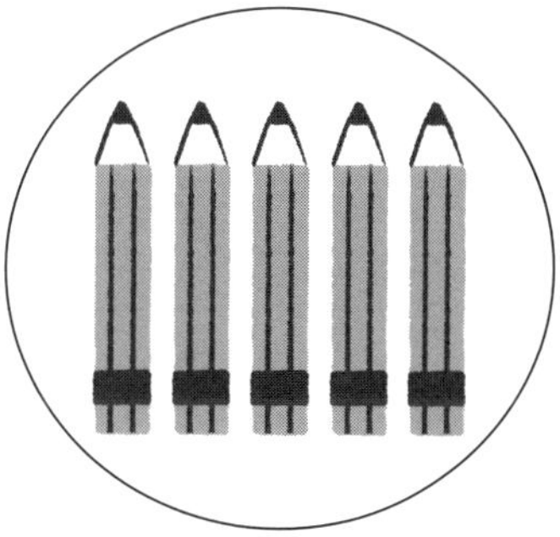

（　　　）月（　　　）日（　　　　）曜日

九九　1〜5の　だん

1〜5の　だんの　九九《くく》を　答《こた》えましょう。

(1) $3 \times 9 = \square$　　(2) $2 \times 5 = \square$

(3) $4 \times 6 = \square$　　(4) $3 \times 4 = \square$

(5) $2 \times 3 = \square$　　(6) $1 \times 2 = \square$

(7) $5 \times 1 = \square$　　(8) $4 \times 8 = \square$

(9) $1 \times 7 = \square$　　(10) $5 \times 4 = \square$

スペシャル　もんだい！

1この　パフェに、いちごを　4こ　かざります。パフェを　6こ　作《つく》るとき、いちごを　何《なん》こ　つかいますか？

しき　　　×　　　＝

答《こた》え　　　　こ

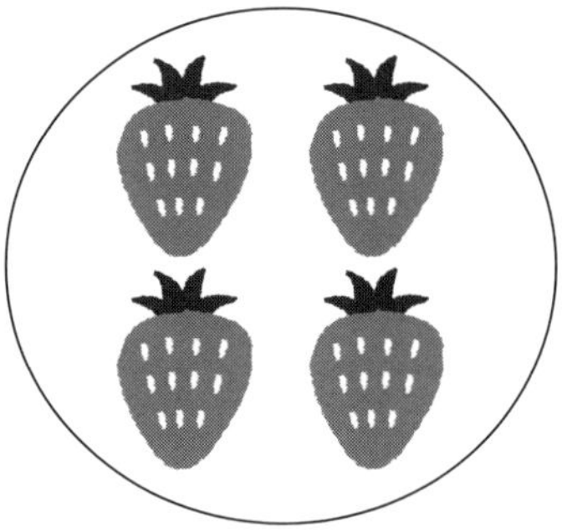

すてっぷ
2
けいさん 24

（　　　）月（　　　）日（　　　）曜日

九九　6の　だん

6の　だんの　九九《くく》を　おぼえましょう。

6《ろく》×1《いち》＝《が》□《ろく》

6《ろく》×2《に》＝□《じゅうに》

6《ろく》×3《さん》＝□《じゅうはち》

6《ろく》×4《し》＝□《にじゅうし》

6《ろく》×5《ご》＝□《さんじゅう》

6《ろく》×6《ろく》＝□《さんじゅうろく》

6《ろく》×7《しち》＝□《しじゅうに》

6《ろく》×8《は》＝□《しじゅうはち》

6《ろっ》×9《く》＝□《ごじゅうし》

スペシャル　もんだい！

カブトムシの　足《あし》は　6本《ぽん》　あります。カブトムシが　9ひき　いると、足《あし》の　数《かず》は　ぜんぶで　何本《なんぼん》に　なりますか？

しき　　×　　＝

答《こた》え　　本《ほん》

(　　　　)月(　　　　)日(　　　　)曜日

九九　7の　だん

7の　だんの　九九《くく》を　おぼえましょう。

7《しち》 × 1《いち》 =《が》 □《しち》

7《しち》 × 2《に》 = □《じゅうし》

7《しち》 × 3《さん》 = □《にじゅういち》

7《しち》 × 4《し》 = □《にじゅうはち》

7《しち》 × 5《ご》 = □《さんじゅうご》

7《しち》 × 6《ろく》 = □《しじゅうに》

7《しち》 × 7《しち》 = □《しじゅうく》

7《しち》 × 8《は》 = □《ごじゅうろく》

7《しち》 × 9《く》 = □《ろくじゅうさん》

スペシャル　もんだい！

1週間《しゅうかん》は　7日《か》です。3週間《しゅうかん》は、何日《なんにち》ですか？

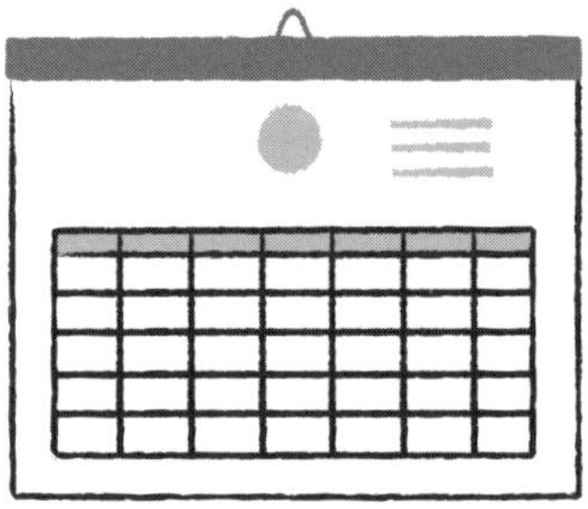

しき　　　×　　　=

答《こた》え　　　　日《にち》

すてっぷ
2
けいさん 26

（　　　）月（　　　）日（　　　　）曜日

九九　8の　だん

8の　だんの　九九《くく》を　おぼえましょう。

8《はち》 × 1《いち》 =《が》 □《はち》

8《はち》 × 2《に》 = □《じゅうろく》

8《はっ》 × 3《さん》 = □《にじゅうし》

8《はち》 × 4《し》 = □《さんじゅうに》

8《はち》 × 5《ご》 = □《しじゅう》

8《はち》 × 6《ろく》 = □《しじゅうはち》

8《はち》 × 7《しち》 = □《ごじゅうろく》

8《はっ》 × 8《ぱ》 = □《ろくじゅうし》

8《はっ》 × 9《く》 = □《しちじゅうに》

スペシャル　もんだい！

8人《にん》のりの　車《くるま》が　4台《だい》　あります。ぜんぶで　何人《なんにん》のる
ことが　できますか？

しき　　　×　　　=

答《こた》え　　　人《にん》

すてっぷ 2
けいさん 27

(　　　　)月(　　　　)日(　　　　　)曜日

九九　9の　だん

9の　だんの　九九《くく》を　おぼえましょう。

9《く》 × 1《いち》 =《が》 □《く》

9《く》 × 2《に》 = □《じゅうはち》

9《く》 × 3《さん》 = □《にじゅうしち》

9《く》 × 4《し》 = □《さんじゅうろく》

9《く》 × 5《ご》 = □《しじゅうご》

9《く》 × 6《ろく》 = □《ごじゅうし》

9《く》 × 7《しち》 = □《ろくじゅうさん》

9《く》 × 8《は》 = □《しちじゅうに》

9《く》 × 9《く》 = □《はちじゅういち》

スペシャル　もんだい！

1ふくろに、クッキーが　9まい　入《はい》って　います。7ふくろ　買《か》うと、クッキーは　ぜんぶで　何《なん》まいですか？

しき　　　×　　　=

答《こた》え　　　　まい

すてっぷ
2
けいさん28

（　　　）月（　　　）日（　　　）曜日

九九　6〜9の　だん

6から9の　だんの　九九《くく》を　答《こた》えましょう。

(1) $8 \times 9 =$ □　　(2) $7 \times 5 =$ □

(3) $6 \times 6 =$ □　　(4) $8 \times 4 =$ □

(5) $7 \times 3 =$ □　　(6) $6 \times 2 =$ □

(7) $9 \times 1 =$ □　　(8) $7 \times 8 =$ □

(9) $6 \times 7 =$ □　　(10) $9 \times 4 =$ □

スペシャル　もんだい！

タコの　足《あし》は　8本《ぽん》です。タコが　5ひき　いると、足《あし》は　ぜんぶで　何本《なんぼん》ですか？

しき　　　×　　　＝

答《こた》え　　　本《ほん》

すてっぷ
2
けいさん 29

(　　　　)月(　　　　)日(　　　　　　)曜日

1000までの　数①

1000までの　数《かず》を　数字《すうじ》で　あらわしましょう。

(れい)

100円玉《えんだま》が　2まい→200円《えん》
10円玉《えんだま》が　3まい→30円《えん》
1円玉《えんだま》が　4まい→4円《えん》

百《ひゃく》	十《じゅう》	一《いち》
2	3	4

円《えん》

(1)

百《ひゃく》	十《じゅう》	一《いち》

円《えん》

(2)

百《ひゃく》	十《じゅう》	一《いち》

円《えん》

(3)

千《せん》	百《ひゃく》	十《じゅう》	一《いち》

円《えん》＝千円《せんえん》

スペシャル　もんだい！

何円《なんえん》ですか？

円《えん》

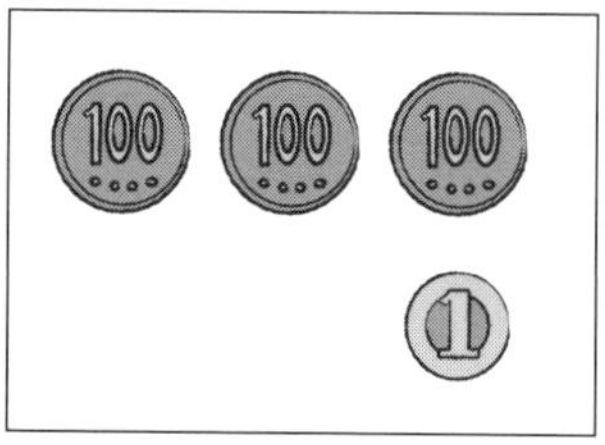

円《えん》

（　　　）月（　　　）日（　　　　）曜日

1000までの　数②

1 何円《なんえん》ですか？

(1) 10円玉《えんだま》が　10まいあると

100 円《えん》です。

(2) 10円玉《えんだま》が　12まいあると

□ 円《えん》です。

(3) 10円玉《えんだま》が　43まいあると

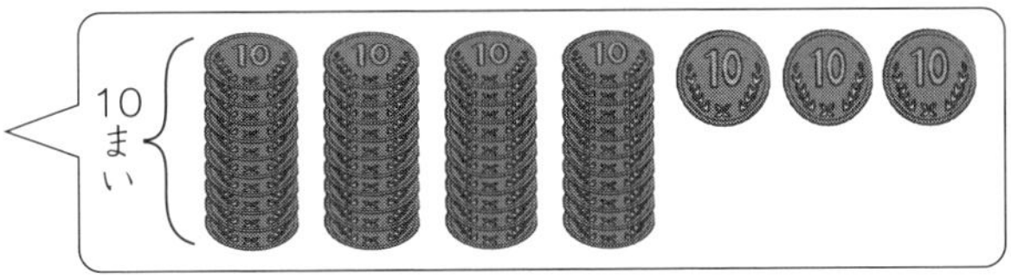

□ 円《えん》です。

2 10円玉《えんだま》　何《なん》まい分《ぶん》ですか？　10円玉《えんだま》の　数《かず》だけ、〇を　書《か》きましょう。

(1) 10円玉《えんだま》が　□　まい　あると、70円《えん》です。

10円玉《えんだま》は　何《なん》まい？

(2) 10円玉《えんだま》が　□　まい　あると、100円《えん》です。

10円玉《えんだま》は　何《なん》まい？

スペシャル　もんだい！

500円《えん》で　買《か》える　ものを　〇で　かこみましょう。

ぬいぐるみ
504円《えん》

ノート
3さつ
380円《えん》

本《ほん》
437円《えん》

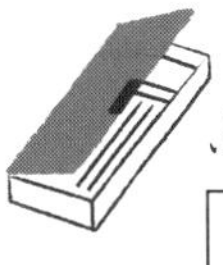

ふでばこ
620円《えん》

すてっぷ 2
けいさん31

（　　　　）月（　　　　）日（　　　　）曜日

10000までの　数

10000までの　数《かず》を　数字《すうじ》で　あらわしましょう。

（れい）

1000円《えん》さつが　3まい
100円玉《えんだま》が　2まい
10円玉《えんだま》が　4まい
1円玉《えんだま》が　2まい

千《せん》	百《ひゃく》	十《じゅう》	一《いち》
3	2	4	2

円《えん》

（1）

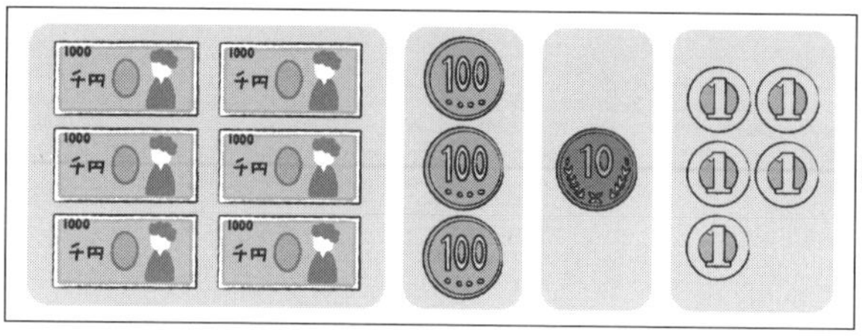

千《せん》	百《ひゃく》	十《じゅう》	一《いち》

円《えん》

（2）

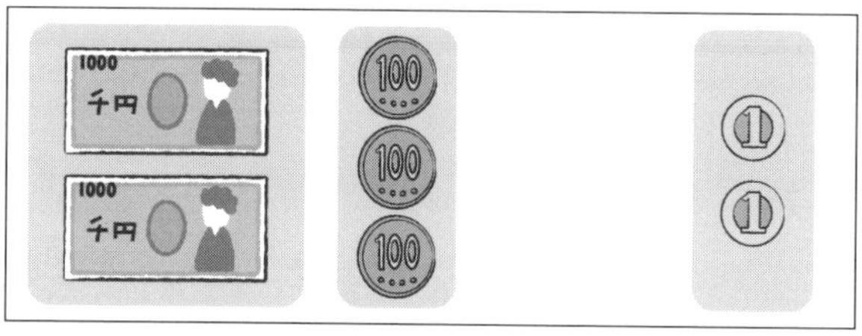

千《せん》	百《ひゃく》	十《じゅう》	一《いち》

円《えん》

（3）

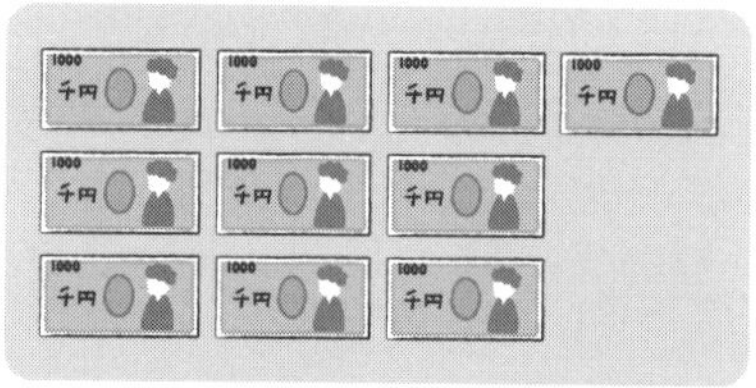

万《まん》	千《せん》	百《ひゃく》	十《じゅう》	一《いち》

円《えん》＝一万円《いちまんえん》

スペシャル　もんだい！

やすい　方《ほう》の　（　）に　○を　つけましょう。

（1）

ティーシャツ
1200 円《えん》
（　　）

セーター
3800 円《えん》
（　　）

（2）

スニーカー
7700 円《えん》
（　　）

サンダル
4300 円《えん》
（　　）

すてっぷ
2
けいさん32

（　　　）月（　　　）日（　　　　　）曜日

時こくと　時間①

かかった　時間《じかん》を　答《こた》えましょう。

（れい）

長《なが》い　はりが
1まわり　する。

みじかい　はりが
3から　4まで
うごく。

3：00　　4：00

3時《じ》から　4時《じ》までの
時間《じかん》は　1時間《じかん》　です。

（1）

おきた　時《じ》こく

：

朝《あさ》ごはんを
食《た》べた　時《じ》こく

：

おきてから
朝《あさ》ごはんを
食《た》べるまでの
時間《じかん》は
□分《ぷん》です。

（2）

公園《こうえん》で　あそび
はじめた　時《じ》こく

：

公園《こうえん》から
帰《かえ》った　時《じ》こく

：

公園《こうえん》で
あそびはじめてから
帰《かえ》るまでの
時間《じかん》は
□時間《じかん》です。

（3）

夕《ゆう》ごはんを
食《た》べた　時《じ》こく

：

ねた　時《じ》こく

：

夕《ゆう》ごはんを
食《た》べてから
ねるまでの
時間《じかん》は
□時間《じかん》です。

スペシャル　もんだい！

あなたが　きのう　ねた　時《じ》こくと
今日《きょう》　おきた　時《じ》こくの　時計《とけい》の
はりを　書《か》きましょう。

ねた　時《じ》こく

：

おきた　時《じ》こく

：

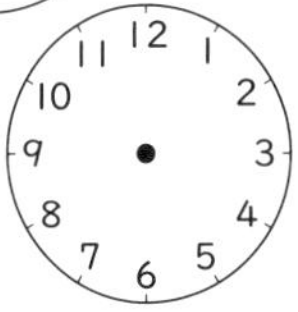

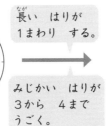

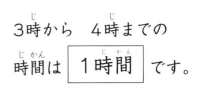

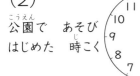

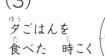

(　　　　)月(　　　　)日(　　　　　　)曜日

時こくと　時間②

下《した》の　図《ず》を　見《み》て、時間《じかん》を　答《こた》えましょう。

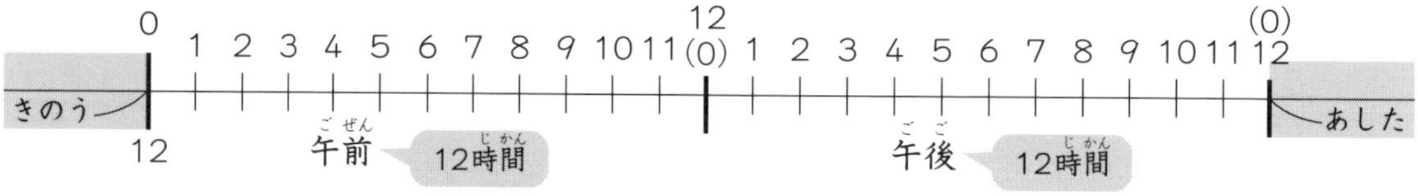

(1) 午前《ごぜん》 □ 時間《じかん》 ＋ 午後《ごご》 □ 時間《じかん》　　1日《にち》は □ 時間《じかん》

(2) 1時間《じかん》は □ 分《ぷん》

(3) 2時間《じかん》は、
60＋60＝ □ 分《ぷん》

(4) 1時間半《じかんはん》は、1時間《じかん》 □ 分《ぷん》

60分《ぷん》の　半分《はんぶん》

スペシャル　もんだい！

つぎの　しつもんに　答《こた》えましょう。

(1) あなたが　今日《きょう》　べん強《きょう》した　時間《じかん》は？

はじめたのは　□：□　から　おわったのは　□：□　➡　□ 時間《じかん》 □ 分《ふん》

(2) あなたが　ねてから　おきるまでの　時間《じかん》は？

ねる　□：□　から　おきる　□：□　➡　□ 時間《じかん》 □ 分《ふん》

(　　　)月(　　　)日(　　　　)曜日

れんしゅうプリント①

CD-ROM プリントして つかおう!

もんだいを 作《つく》って、 ひっ算《さん》の れんしゅうを しましょう。

どんな ひっ算《さん》に する?

□足《た》し算《ざん》　□引《ひ》き算《ざん》
□足《た》し算《ざん》・引《ひ》き算《ざん》

□くり上《あ》がり・くり下《さ》がりなし
□くり上《あ》がり・くり下《さ》がりあり

□ ＋ □ ＝ □

＋

□ ＋ □ ＝ □

＋

□ ＋ □ ＝ □

＋

□ ＋ □ ＝ □

＋

ときおわったら、見直《みなお》しを しよう!
(もういちど、計算《けいさん》して みよう!)

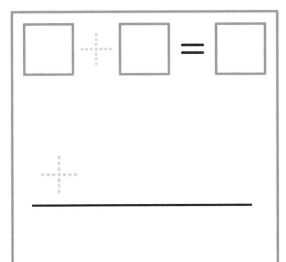

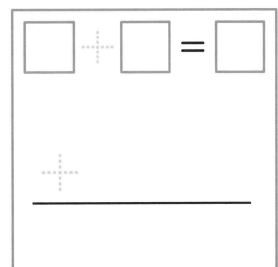

すてっぷ
2
けいさん

（　　　）月（　　　）日（　　　）曜日

れんしゅうプリント②

CD-ROM プリントして つかおう！

九九《くく》の　もんだいを　作《つく》って、計算《けいさん》れんしゅうを　しましょう。

□ × □ ＝ □

□ × □ ＝ □

□ × □ ＝ □

□ × □ ＝ □

□ × □ ＝ □

□ × □ ＝ □

□ × □ ＝ □

もんだいを　作《つく》ろう！

63～73ページの　スペシャルもんだい！を　見《み》て、自分《じぶん》だけの九九《くく》の　ぶんしょうもんだいを　作《つく》りましょう。（絵《え》を　かいてもいいよ！）

しき	答《こた》え
× ＝	

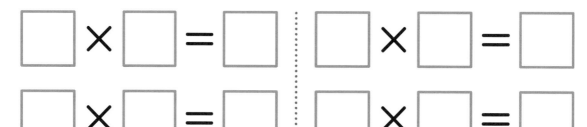

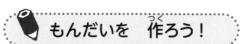

すてっぷ
2
けいさん

（　　　）月（　　　）日（　　　　　）曜日

れんしゅうプリント③

CD-ROM プリントしてつかおう!

時間《じかん》の　もんだいを　作《つく》って　とり組《く》みましょう。

| 　：　 | から | 　：　 | までの　時間《じかん》は？

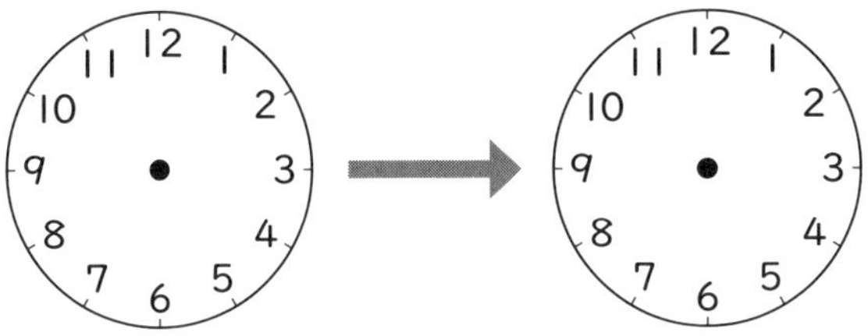

答《こた》え

| 　：　 | の | 時間《じかん》　　分《ふん》 | (前《まえ》・後《あと》)の　時《じ》こくは？

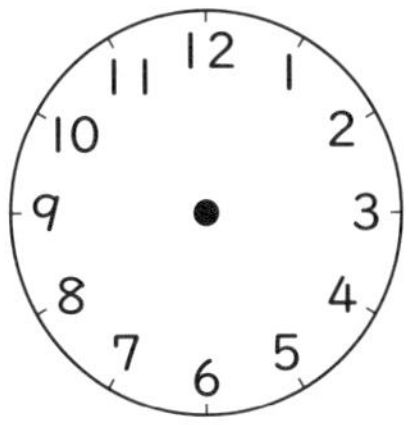

答《こた》え

スペシャル　もんだい！

あなたが　いつも　おきる　時《じ》こくは？

午前《ごぜん》　　　　時《じ》　　　　分《ふん》

学校《がっこう》に　行《い》くために　朝《あさ》　家《いえ》を　出《で》る　時《じ》こくは？

午前《ごぜん》　　　　時《じ》　　　　分《ふん》

あなたが、はを　みがくのに　かかる　時間《じかん》は？

だいたい　　　　分《ふん》くらい

(　　　　)月(　　　　)日(　　　　　)曜日

チャレンジテスト１

つぎの　計算《けいさん》を　しましょう。

①
$$\begin{array}{r} 32 \\ +\,45 \\ \hline \end{array}$$

②
$$\begin{array}{r} 72 \\ -\,28 \\ \hline \end{array}$$

③
$$\begin{array}{r} 324 \\ +\,517 \\ \hline \end{array}$$

④ $3 \times 9 =$ □

⑤ $4 \times 2 =$ □

⑥ $1 \times 7 =$ □

⑦ $5 \times 6 =$ □

つぎの　もんだいに　答《こた》えましょう。
(ひっ算《さん》は、べつの　紙《かみ》に　書《か》こう)

⑧クッキーが　25まい、せんべいが
37まい　あります。ぜんぶで
何《なん》まいですか？

しき

答《こた》え

⑨52ページの　本《ほん》が　あります。
37ページ　読《よ》むと、のこりは
何《なん》ページに　なりますか？

しき

答《こた》え

⑩ぜんぶで　何円《なんえん》ですか？

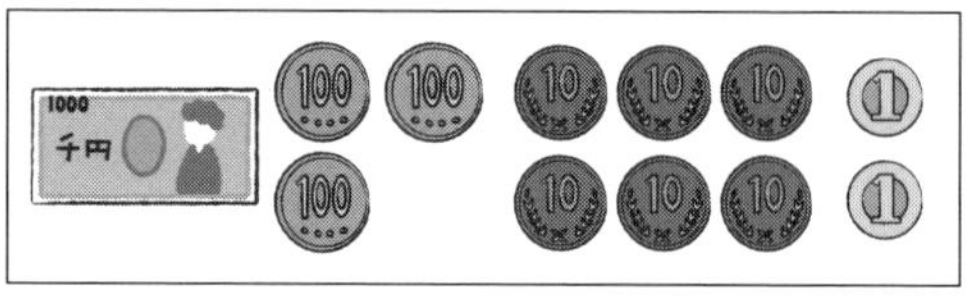

円《えん》

10もん中《ちゅう》、何《なん》もん　合《あ》って　いましたか?　　もん／10もん

(　　　)月(　　　)日(　　　)曜日

チャレンジテスト2

つぎの　計算《けいさん》を　しましょう。

①
```
  57
-  9
----
```

②
```
  75
+ 68
----
```

③
```
  524
- 366
-----
```

④ 6 × 4 = □

⑤ 9 × 2 = □

⑥ 7 × 7 = □

⑦ 8 × 3 = □

つぎの　もんだいに　答《こた》えましょう。

⑧3まい入《い》りの　クッキーの　ふくろが、5ふくろ　あります。クッキーは　ぜんぶで　何《なん》まいですか？

しき

答《こた》え

⑨1週間《しゅうかん》は　7日《か》です。2週間《しゅうかん》は　何日《なんにち》ですか？

しき

答《こた》え

⑩さとるくんは、午後《ごご》4時《じ》に　家《いえ》を　出《で》て、午後《ごご》5時《じ》30分《ぷん》に　家《いえ》に　帰《かえ》ってきました。さとるくんが　出《で》かけて　いたのは　何時間《なんじかん》何分《なんぷん》ですか？

家《いえ》を　出《で》た
4：00

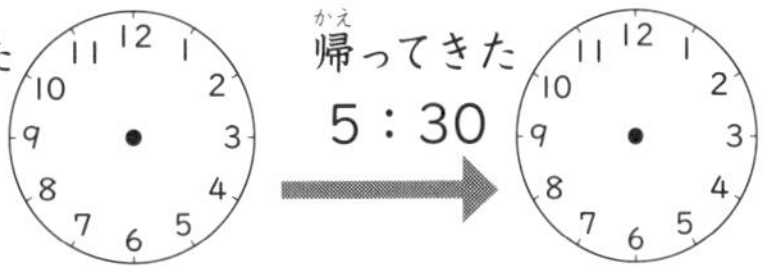

帰《かえ》ってきた
5：30

時間《じかん》　分《ふん》

10もん中《ちゅう》、何《なん》もん　合《あ》って　いましたか?　もん／10もん

答え

すてっぷ 2 けいさん

●46ページ【けいさん1】
(1) 4　(2) 2　(3) 3　(4) 10
【スペシャルもんだい】
しき　6＋4＝10　答《こた》え　10（ひき）

●47ページ【けいさん2】
(1) 9　(2) 13　(3) 8　(4) 11
【スペシャルもんだい】
しき　7－4＝3　答《こた》え　3（こ）

●48ページ【けいさん3】
(1) 15　(2) 13　(3) 4　(4) 20
【スペシャルもんだい】
しき　8－4＝4　答《こた》え　かえる（のほうが）4（ひき多《おお》い）

●49ページ【けいさん4】
(1) 54　(2) 36
【スペシャルもんだい】
しき　12＋15＝27　答《こた》え　27（まい）

●50ページ【けいさん5】
(1) 58　(2) 49
【スペシャルもんだい】
しき　5＋21＝26　答《こた》え　26（こ）

●51ページ【けいさん6】
(1) 66　(2) 37　(3) 39　(4) 79
【スペシャルもんだい】
しき　27＋51＝78　答《こた》え　78（こ）

●52ページ【けいさん7】
(1) 22　(2) 32
【スペシャルもんだい】
しき　37－22＝15　答《こた》え　15（こ）

●53ページ【けいさん8】
(1) 2　(2) 3
【スペシャルもんだい】
しき　18－15＝3　答《こた》え　3（人《にん》）

●54ページ【けいさん9】
(1) 54　(2) 11　(3) 2　(4) 33
【スペシャルもんだい】
しき　34－31＝3　答《こた》え　3（人《にん》）

●55ページ【けいさん10】
(1) 50　(2) 62
【スペシャルもんだい】
しき　37＋3＝40　答《こた》え　40（本《ほん》）

●56ページ【けいさん11】
(1) 42　(2) 93
【スペシャルもんだい】
しき　35＋25＝60　答《こた》え　60（まい）

●57ページ【けいさん12】
(1) 139　(2) 154
【スペシャルもんだい】
しき　42＋76＝118　答《こた》え　118（まい）

●58ページ【けいさん13】
(1) 13　(2) 24
【スペシャルもんだい】
しき　41－8＝33　答《こた》え　33（本《ほん》）

●59ページ【けいさん14】
(1) 32　(2) 5
【スペシャルもんだい】
しき　64－37＝27　答《こた》え　27（まい）

●60ページ【けいさん15】
(1) 81　(2) 378
【スペシャルもんだい】
しき　365－93＝272
答《こた》え　272（ページ）

●61ページ【けいさん16】
(1) 526　(2) 774
【スペシャルもんだい】
しき　135＋167＝302
答《こた》え　302（円《えん》）

●62ページ【けいさん17】
(1) 72　(2) 279
【スペシャルもんだい】
しき　305－29＝276
答《こた》え　276（ページ）

●63ページ【けいさん18】
【スペシャルもんだい】
しき　1×3＝3　答《こた》え　3（こ）
●64ページ【けいさん19】
【スペシャルもんだい】
しき　2×5＝10　答《こた》え　10（こ）
●65ページ【けいさん20】
【スペシャルもんだい】
しき　3×7＝21　答《こた》え　21（こ）
●66ページ【けいさん21】
【スペシャルもんだい】
しき　4×4＝16　答《こた》え　16（こ）
●67ページ【けいさん22】
【スペシャルもんだい】
しき　5×6＝30　答《こた》え　30（本《ほん》）
●68ページ【けいさん23】
（1）27　（2）10　（3）24　（4）12
（5）6　（6）2　（7）5　（8）32　（9）7
（10）20
【スペシャルもんだい】
しき　4×6＝24　答《こた》え　24（こ）
●69ページ【けいさん24】
【スペシャルもんだい】
しき　6×9＝54　答《こた》え　54（本《ほん》）
●70ページ【けいさん25】
【スペシャルもんだい】
しき　7×3＝21　答《こた》え　21（日《にち》）
●71ページ【けいさん26】
【スペシャルもんだい】
しき　8×4＝32　答《こた》え　32（人《にん》）
●72ページ【けいさん27】
【スペシャルもんだい】
しき　9×7＝63　答《こた》え　63（まい）
●73ページ【けいさん28】
（1）72　（2）35　（3）36　（4）32
（5）21　（6）12　（7）9　（8）56
（9）42　（10）36
【スペシャルもんだい】
しき　8×5＝40　答《こた》え　40（本《ほん》）

●74ページ【けいさん29】
（1）623　（2）502　（3）1000
【スペシャルもんだい】
（1）123　（2）301
●75ページ【けいさん30】
[1]（1）100　（2）120　（3）430
[2]（1）7　（2）10
【スペシャルもんだい】
ノート3さつ　と　本《ほん》
●76ページ【けいさん31】
（1）6315　（2）2302　（3）10000
【スペシャルもんだい】
（1）ティーシャツ（1200円《えん》）
（2）サンダル（4300円《えん》）
●77ページ【けいさん32】
（1）おきた　時《じ》こく　7：00
朝《あさ》ごはんを　食《た》べた　時《じ》こく　7：30
時間《じかん》は　30（分《ぷん》）　です。
（2）公園《こうえん》で　あそびはじめた　時《じ》こく
3：30
公園《こうえん》から　帰《かえ》った　時《じ》こく　4：30
時間《じかん》は　1（時間《じかん》）　です。
（3）夕《ゆう》ごはんを　食《た》べた　時《じ》こく　7：00
ねた　時《じ》こく　9：00
時間《じかん》は　2（時間《じかん》）　です。
●78ページ【けいさん33】
（1）12（時間《じかん》）＋12（時間《じかん》）
24（時間《じかん》）
（2）60（分《ぷん》）　（3）120（分《ぷん》）
（4）30（分《ぷん》）

●82ページ【チャレンジテスト１】

つぎの　計算《けいさん》を　しましょう。

① 32 ＋ 45 ＝ **77**

② 72 − 28 ＝ **44**（くり下がり 6）

③ 324 ＋ 517 ＝ **841**（くり上がり 1）

④ 3 × 9 ＝ **27**

⑤ 4 × 2 ＝ **8**

⑥ 1 × 7 ＝ **7**

⑦ 5 × 6 ＝ **30**

つぎの　もんだいに　答《こた》えましょう。
（ひっ算《さん》は、べつの　紙《かみ》に　書《か》こう）

⑧クッキーが　25まい、せんべいが
37まい　あります。ぜんぶで
何《なん》まいですか？

しき　**25＋37＝62**

（ひっ算：25 ＋ 37 ＝ 62、くり上がり 1）

答《こた》え　**62まい**

⑨52ページの　本《ほん》が　あります。
37ページ　読《よ》むと、のこりは
何《なん》ページに　なりますか？

しき　**52−37＝15**

（ひっ算：52 − 37 ＝ 15、くり下がり 4）

答《こた》え　**15ページ**

⑩ぜんぶで　何円《なんえん》ですか？

1362 円《えん》

①～⑦　ひっ算《さん》の　くり上《あ》がり、
くり下《さ》がりは　かならず　書《か》きこもう！
かけ算《ざん》は　九九《くく》を　声《こえ》に　出《だ》して
となえ、たしかめよう。

⑧、⑨　「ぜんぶで」「のこりは」の
ことばに　ちゅう目《もく》して　しきを　立《た》てよう。
かならず　ひっ算《さん》を　べつの　紙《かみ》に
書《か》いて　計算《けいさん》しよう。くり上《あ》がり、
くり下《さ》がりも　わすれずに　書《か》こう。

⑩　お金《かね》を　しゅるいごとに　数《かぞ》えよう。
答《こた》えが　書《か》けたら、金《きん》がくを　声《こえ》に
出《だ》して　読《よ》んで　みよう。

●83ページ【チャレンジテスト２】

つぎの　計算《けいさん》を　しましょう。

① 57 − 9 ＝ **48**（くり下がり 4）

② 75 ＋ 68 ＝ **143**（くり上がり 1）

③ 524 − 366 ＝ **158**（くり下がり 4、1）

④ 6 × 4 ＝ **24**

⑤ 9 × 2 ＝ **18**

⑥ 7 × 7 ＝ **49**

⑦ 8 × 3 ＝ **24**

つぎの　もんだいに　答《こた》えましょう。

⑧3まい入《い》りの　クッキーの
ふくろが、5ふくろ　あります。
クッキーは　ぜんぶで
何《なん》まいですか？

しき　**3×5＝15**

答《こた》え　**15まい**

⑨1週間《しゅうかん》は　7日です。2週間《しゅうかん》は
何日《なんにち》ですか？

しき　**7×2＝14**

答《こた》え　**14日《か》**

⑩さとるくんは、午後《ごご》4時《じ》に　家《いえ》を
出《で》て、午後《ごご》5時《じ》30分《ぶん》に　家《いえ》に
帰《かえ》ってきました。さとるくんが
出《で》かけて　いたのは
何時間何分《なんじかんなんぷん》ですか？

家《いえ》を　出《で》た　4：00　→　帰《かえ》ってきた　5：30

1 時間《じかん》 **30** 分《ふん》

①～⑦　ひっ算《さん》の　くり上《あ》がり、
くり下《さ》がりは　かならず　書《か》きこもう！
かけ算《ざん》は　九九《くく》を　声《こえ》に　出《だ》して
となえ、たしかめよう。

⑧、⑨　「3まい入《い》りの　クッキーの
ふくろ」などを、図《ず》に　あらわすと
分《わ》かりやすい！
答《こた》えに「まい」「日」（日《にち》）を
つけわすれないように　気《き》を　つけよう。

⑩　時計《とけい》の　絵《え》を　見《み》て　はりの
うごきを　書《か》きこむなど、分《わ》かりやすい
方《ほう》ほうで　考《かんが》えよう。

おしかった　ところは
ふくしゅうして　おこう！

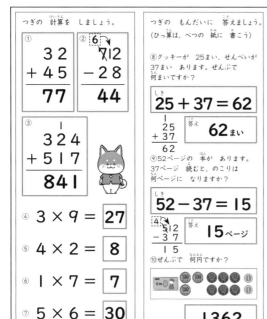

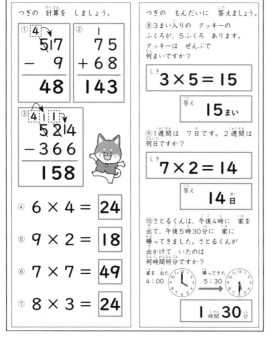

執筆者紹介

伊庭葉子（いば・ようこ）［監修］

株式会社 Grow-S 代表取締役（特別支援教育士）
1990年より発達障害をもつ子どもたちの学習塾「さくらんぼ教室」を展開。生徒一人ひとりに合わせた学習指導、SST（ソーシャル・スキル・トレーニング）指導を実践している。教材の出版、公的機関との連携事業、講演や教員研修なども行っている。

小寺絢子（こでら・あやこ）

株式会社 Grow-S 教室運営部・教務リーダー
さくらんぼ教室・教室長を歴任。わかりやすく楽しい学習指導、SST 指導を実践している。現在は教務リーダーとして、学習や SST のカリキュラム作成、教材作成、人材育成など幅広く担当している。

株式会社 Grow-S　さくらんぼ教室

勉強が苦手な子ども、発達障害をもつ子どものための学習塾。1990年の開設以来、「自分らしく生きるために、学ぼう。」をスローガンに、一人ひとりに合わせた学習指導、SST 指導を実践している。千葉県・東京都・神奈川県・茨城県の13教室で2歳～社会人まで2,500人が学習中（2021年3月現在）。教材の出版、学校での出張授業や研修、発達障害理解・啓発イベントなども行う。
さくらんぼ教室ホームページ
http://www.sakuranbo-class.com/

CD-ROM付き
自分のペースで学びたい子のための
サポートドリル
かん字・けいさん　すてっぷ2

2021年5月15日　初版第1刷発行

監　修　伊庭葉子
著　小寺絢子
発行者　花岡萬之
発行所　学事出版株式会社
〒101-0021　東京都千代田区外神田2-2-3
電話03-3255-5471
HP アドレス　https://www.gakuji.co.jp

企画　三上直樹
編集協力　狩生有希（株式会社桂樹社グループ）
デザイン・装丁　中田聡美
印刷・製本　研友社印刷株式会社

©Iba Yoko et.al.2021, Printed in Japan

乱丁・落丁本はお取り替えします。
ISBN 978-4-7619-2705-9　C3037